社交力 决定成败

WINNING WITH PEOPLE

美国排名第一的领导力大师、成功学导师

《领导力21法则》、《真正的成功》作者麦克斯韦尔力作

[美] 约翰·麦克斯韦尔 (John Maxwell) 著

任月园 等译

中国社会科学出版社

图书在版编目（CIP）数据

社交力决定成败 ／（美）麦克斯韦尔著；任月园译. —北京：中国社会科学出版社，2011.1
ISBN 978 – 7 – 5004 – 9203 – 0

Ⅰ.①社…　Ⅱ.①麦…②任…　Ⅲ.①人际关系学 – 通俗读物 Ⅳ.①C912.1 –49

中国版本图书馆 CIP 数据核字（2010）第 197588 号

Winning with People by John C. Maxwell

Copyright © 2006 by John C. Maxwell

Originally Published by Thomas Nelson, Inc.

Simplified Chinese edition Copyright © 2010 by China Social Sciences Press.

All rights reserved.

策　　划　路卫军

责任编辑　路卫军

责任校对　宋　磊

封面设计　久品轩

技术编辑　王炳图　王　超

出版发行　中国社会科学出版社

社　　址　北京鼓楼西大街甲 158 号　　　邮　编　100720

电　　话　010 – 84029450（邮购）

网　　址　http://www.csspw.cn

印刷装订　三河市君旺印装厂

版　　次　2011 年 1 月第 1 版　　　印　次　2011 年 1 月第 1 次印刷

开　　本　710×1000　1/16

印　　张　15　　　　　　　　　　　插　页　2

字　　数　246 千字

定　　价　38.00 元

Contents

目录

赢得人心，
你将无往不胜

如何才能赢得人心？你需要天生外向，或者直觉敏锐，才能获得长久的关系吗？社交的技巧，有人擅长，有人欠缺，我们是否只能接受先天禀赋？那些擅长社交的人，是否还能百尺竿头，更进一步？

我们大多数人可以立即觉察出身边真正的社交高手。他们能够轻松地和我们沟通，使我们感觉良好，提升我们的境界。和他们沟通，能使我们产生积极的体验，并愿意与之相处。

有些人与人相处的能力极为高超，他们应该列入社交高手的名人堂。像卡内基、约翰·伍登、罗纳德·里根、诺曼·文森特·皮尔都是人们耳熟能详的人物。同样，还有一些人，像利昂娜·赫尔姆斯利、老亨利·福特、弗兰克·洛伦佐、丹尼斯·罗德曼，其社交能力足以使其名列"无耻"名人堂。[1]

---

[1] 诺曼·文森特·皮尔是世界知名的演讲家、大牧师，被誉为"积极思考的鼻祖"、"企业道德管理学派的创始人"和"将基督教平民化的伟人"。约翰·伍登是美国大学篮球界泰斗，曾获终身成就总统奖。利昂娜·赫尔姆斯利是以霸道著称的酒店业大亨，曾有名言"只有小人物才交税"，因逃避100万联邦所得税被判决入狱18个月。弗兰克·洛伦佐，以思想僵化和粗鲁闻名，受到工会抵制，有"航空界臭名昭著的首席执行官"之称，在其事业生涯中，主政的几家公司，如东方航空、洲际航空等先后遭遇破产命运。亨利·福特曾是美国汽车史上的传奇性人物，但他心胸狭隘、独断专行，不仅从不悉心培养和指导部属，还常常私下破坏、诋毁手下的管理者，并不时干涉他们的决策，甚至在公司里设立了一个安全部门来监察员工。丹尼斯·罗德曼为前NBA篮球员，有"坏孩子"之称，其行为举止颇受诟病。——译者注

不必翻阅报纸、研读历史就可以发现社交方面的极端例子。日常生活的每一天，比如在街上、教堂或者家里，特别是在工作中，你都得和这些人相处。下面这些求职申请中的陈述，就透露出求职者社交能力上的缺陷：

- 如果我不和别人一起共事，对老板大有好处。
- 公司把我当替罪羊，跟以前的雇主一样。
- 注意：请不要因为我做过 14 种工作，就误以为我喜欢跳槽。我从来没有主动辞过职。
- 推荐人：无。我已经把失败的过去抛诸脑后了。

你可能发现一些类似的求职者正是你的同事。

人情练达亦文章

你如何评价高超的社交能力呢？在问到一些大公司成功的 CEO，哪种品质是胜任其领导职位的关键时，他们会告诉你是与人共事的能力。在采访企业家们导致成功与失败的分野是什么时，他们也会告诉你是与人相处的技巧。问及顶尖销售人员这个问题时，他们同样会告诉你，**对人情世故的了解远比单纯的产品知识重要得多**。和教师、生意人、商店导购、小企业主、牧师、家长谈起这个问题时，他们会说**社交能力最终决定了优秀者与平庸者**。社交能力是无价之宝，不管你做什么都离不开它。**如果你能赢得人心，你就能无往不胜！**

许多人落入了把社交视为理所当然的一种陷阱里。这并不是好事，因为建立并维持健康的人际关系是在人生各方面和谐发展的最重要因素。我们的社交技能决定我们的未来是否成功。罗伯特·伍德鲁夫（Robert W. Woodruff），这位凭借其卓越的领导才能，将可口可乐公司从一个区域性的小规模饮料生产商打造为全球性大企业和赚钱机器的领导人，明白人的因素对成功的影响甚巨。在《巅峰绩效》（*Top Performance*）一书中，成功学专家金克拉摘录了这位可口可乐前 CEO 的名言。金克拉说伍德鲁夫常常把他撰写的小册子分发给员工阅读，里面说：

　　人生就是一种销售工作。成与败很大程度上取决于如何激励和我们交往的人相信我们，以及我们能提供什么。

　　人生的成败实质上是人际关系的成败。它事关家人、顾客、员工、老板、同事、合作伙伴对我们的反应。如果反应是积极的，我们就很可能成功；如果是消极的，则注定会失败。

　　在人际关系中，致命的错误莫过于不把别人当回事。我们没有采取积极的行动和不懈的努力，让别人喜欢、信任我们，使别人产生和我们共事的愿望，以达到我们的愿望和目的。

　　无论是个人或组织，我们总是看见他们只发挥了极为有限的成功潜能，有的甚至完全没有发挥，原因很简单，他们忽视了商场上和生活中人的因素。

　　这些组织和个人把人们和其行为都视为理所当然，正是这些人和他们的反应成就或者毁灭了他们。

人是一切问题的出发点

　　人的一切成功来源于与合适的人建立关系，**并通过高超的技巧深化这种关系**。同样地，生活上的失败，也可以归咎于人的因素。有时这种影响显而易见。摊上有虐待倾向的配偶、品行不端的合伙人，或者纠缠不清的家庭成员都将为害甚巨。有时候麻烦不至于这么大，例如，疏远一位每天低头不见抬头见的同事，没有和重要客户建立积极的关系，错过鼓励一个没有安全感孩子的良机。根本原因在于：**人们的成功与失败通常可以归因于其社交关系的好坏**。

　　回想我个人的失败，大部分可以追溯到我生命中某些特定的人。我曾误信他人，做了一次石油交易，损失 1 万美元，让我和妻子玛格丽特多年的积蓄血本无归；还有一次，我开了一家公司，请朋友打理，想他定能经营有方，不料我判断失误，几年后，企业负债超过 15 万美元。

　　我并非以受害者自居，亦无意责怪他人。我只是想说，与人打交道在生意中至关重要。同样，我的成功不能只归功于自己。我的成功没有任何一次是靠自己独立取得的。与他人的互动助我成功。每一次成功，都拜良好的关系所赐。没有像埃尔默·汤恩斯、彼得·瓦格纳和杰克·

海弗克这样的朋友的帮助，我不可能取得今天的成就；没有汤姆斯·尼尔森公司和我自己的音久集团诸多同仁的辅助，《领导力 21 法则》也不可能成为销量百万的畅销书；很多财运，也多亏了兄弟拉里·麦克斯韦尔和好友汤姆·菲利普的帮助和建议。

职场内的人际关系固然重要，个人方面的人际关系更为举足轻重。我的精神生活受父亲马尔文·麦克斯韦尔影响很深；每天都精力充沛，则要归功于与妻子玛格丽特的关系，她与我共享成功的喜悦；生活的美好也要归功于和其他人的关系，如果没有心脏病专家约翰·布赖特·凯吉，我就不可能写这本书了，1998 年 12 月那场突发的心脏病，差点要了我的命。

人际关系并非只是附属品

你是否发现很难与一些人相处，你认为她很有才干，但难以共事；或是他才华横溢，但似乎很难和别人相处融洽？这些社交远无法发挥自己的全部潜力，他们所成就的仅是其能力的一小部分，因为他们不知道如何与人共赢。他们不明白，在生活中，良好的人际关系不只是蛋糕上那层附带的糖霜，它们就是蛋糕本身——我们获得成功、丰裕人生的坚实要素。

> 在生活中，良好的人际关系不只是蛋糕上那层附带的糖霜，它们就是蛋糕本身。

如果不具备良好的社交技能，该怎样做呢？必须承认，对我而言，建立人际关系是自然而然的事。我天生就善于与人相处，但也非常努力地提高社交技巧。在长达半个世纪的时间里，我领悟到了很多关于他人与自己的东西，我把这些经验总结为 25 项社交法则，这 25 项法则人人可以得而习之。就连那些最内向的人也可以来演练，从而变得善于交际。一些人善加运用，就能成为社交高手。

我这样说，是因为不管年轻还是年长，男性还是女性，活泼型还是完美型，在职还是退休，这些社交技巧都屡试不爽。我已经实践了好几十年，走遍了六大洲几十个国家，证明这些原则是有用的。通过遵循这些原则，我把自己和别人的成功的几率最大化，建立起来的积极、健康的关系也带给了我职业上的成功和自我满足感。

在阅读和学习这些社交力法则的时候，你会发现有些是常识，有些则可能令你吃惊。你可能质疑，有些原则是否过于乐观。但凭我的经验，这些原则真的很有用。**单凭一项法则，成不了社交高手，但是实践所有的法则，将有助于提升你的生命质量。**（而且可以肯定，你永远不会被提名进入"无耻"名人堂。）

但这并不表示你能够同每一个所遇到的人建立成功的人际关系。你**无法左右对方的反应。你能做的只是让自己成为对方乐于了解和结识的人。**

人生中，**你的社交技能和你选择交往的人将会成就或毁灭你**。我把本书将涉及的社交力法则归纳为五个关键问题，如果我们想要创造共赢人生，就要扪心自问：

- **准备问题**：在社交方面，我们是否已经做好准备？
- **联结问题**：我们乐意关注他人吗？
- **信任问题**：我们是否可以建立彼此的信任？
- **投资问题**：我们是否愿意投资他人？
- **伙伴问题**：我们能否建立共赢的人际关系？

通过学习和实践这些社交力法则，你将能够正确回答这些问题，借此你将会拥有成功的人际关系。你将能够建立起健康、高效、圆满的人际环境，你也能成为帮助别人成功的人。还有什么比这更让人惬意的呢？

我们是否已为
建立人际关系做好准备？

当今世界，最成功的人是那些懂得如何与人相处的人。人际
关系是生活中最重要的学问。

——斯坦利·C. 艾林（Stanley C. Allyn）

我职业生涯的头 26 年一直是做牧师。我知道没有其他任何职
业像牧师那样，要求与人打交道的能力如此严苛。从出生到
死亡，无论人们身处任何年龄、哪个人生阶段，我们牧师常被召唤去带
领、指引、教导、咨询和安慰他们。在其生命中最幸福的时刻，例如结
婚、为婴孩施洗，我们与他们同在；在人生最暗淡的时刻，比如挽回即
将破裂的婚姻、孩子不幸夭折，以及临终前寻求慰藉，我们也常常接受
召唤。

这么多年来，我学会了很快辨别出那些为人际关系痛苦挣扎的人。
他们形形色色、年龄各异，各种情况不一而足。有时为未婚的人咨询，
他们中有些人似乎无法顺利与人相处，会慨叹人生孤独，渴望婚姻，可
悲的是，他们只是满脑子想结婚，却没有在其情感上做好准备——即建
立健康人际关系的基本技能。

让我们正视这个问题吧。不是每个人都有能力启动、建立和维持良

性、健康的关系。很多人生长在不健康的家庭环境中，从未接触过正面的人际关系模式，有些人只专注于自身的需求，对他人视若无睹；还有一些人曾受过深深的伤害，总透过痛苦的滤镜看世界。由于在人际关系上的巨大盲点，他们并不了解自己，也不懂得运用正确的方法与人交往。

只有社交心态健全的人，才能建立绝佳的人际关系。这是一切之源。我相信这些基本要素将有助于我们为建立关系做好准备，它们回答了要做的准备工作。这些实质性的要素包括以下 5 个法则：

透镜法则：我们是怎样的人，决定了我们如何看待别人。

镜子法则：正人先正己。

痛苦法则：有受害者心理的人会伤害他人，也容易被伤害。

锤子法则：千万别用锤子拍打别人头上的苍蝇。

电梯法则：人际关系中，我们既可以提升他人，也可以压低他人。

不理解这些实质性的基础问题，就无法为建立关系做好准备，最终与人相处时，总会麻烦不断。

如果你或你熟悉的人，似乎总是无法建立起人人艳羡的积极的人际关系，原因很可能在于没有做好准备。通过学习这五项社交法则，将会为你建立积极健康的人际关系做好准备。

透镜法则

我们是怎样的人，决定了我们如何看待别人

我不想加入任何俱乐部，虽然他们都想吸纳我作为会员。

——格罗克·马克斯（Groucho Marx）

扪心自问：我对别人的感觉是什么？

刚到新单位，是否碰到有资深的同事指点你，提防这个人，注意那个人？这种情形我曾遇到好几次。得到第一个领导职位时，前任就告诉我要注意两个人：奥德丽和克劳德。他告诉我："他们会麻烦不断。"所以上任时，就有他们会来惹麻烦的心理准备。

首先，我注意到了奥德丽。她身强体壮而且个性也很强。（我和她其实很像！）大出所料，我和她的共事最终成了美好的经历。她很自信，又能干，总能出色地完成任务。我们有着很好的工作关系，她还成了我家的私人朋友。克劳德是一位老农，他热爱教堂，实际上，他是教会里最有影响力的人物（35年以后，他仍旧是），但这并没有让我感到尴尬。我有什么资格期望这个年纪大我两倍、一辈子都待在教会里的人听命于我呢？就仅仅因为我坐在领导人的位子上，有个头衔吗？我把与克劳德和睦共事当成目标，结果我们相处得很好。

后来，接受第二个教会的职位时，前任同样警告我："小心吉米，每件事他都会和你对着干。"到任第一周，我就和吉米过了招。我们进行了一次艰苦的对话，但吉米也让我了解到，他爱上帝，爱教堂，也愿意和我共事。后来在那儿的几年中，他成了我的头号助手。他确实很会战斗——成为了我最有力的支持者。我找不到比他更好的团队成员了。

我接受第三家教会的职位时，前任邀请我和他谈谈，传授给我对付问题下属的谋略。有了前两次的经历，我知道他是真心想帮我。但我还是很客气地婉拒了。我已经在领导职位上历练很久，认识到他所谓的问题下属未必就是我的——反之亦然。他信赖的人，我并未会有联系；那些对他避之唯恐不及的人，或许会成为我的得力助手？为什么？因为**我们是怎样的人，决定了我们如何看待他人**。

你是自己的透镜

自己既定的想法会影响看待事物的方式。典型的例子就是我大学时的一次经历，我受邀担任好友拉尔夫·比德尔的伴郎。在婚礼前一晚上，我和他待在一起。婚礼当天一大早，拉尔夫想去抓松鼠（我想没有什么事情像捕猎小动物，更能让人平缓紧张的神经的了）。拉尔夫借给我一支猎枪，我们一起到了树林里。逛了一会儿，一无所获。

"松鼠在哪儿？"我不停地问拉尔夫，还乱踩一通，发出窸窸窣窣的声音。

问了六七遍，拉尔夫终于说："约翰，你待在树林这边，我到那边去。"

拉尔夫离开还不到两分钟，我就听到"砰！砰！"两声。还是没有看到松鼠，我索性坐下来休息了。我想要是带本书来多好啊。我开始看旁边花栗鼠嬉戏。其间，不时听到一两声枪响。我想，这家伙在打什么呢？

几分钟后，拉尔夫慢悠悠地回来了，狩猎袋鼓鼓囊囊的，而我一只松鼠也没看到。

"怎么？所有松鼠都跑到你那边了？"我问。

拉尔夫摇摇头笑了笑。

你是怎样的人，决定了你怎样看待问题。你不可能和你的观点分开。你的特质和你经历的每

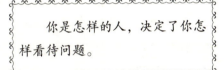

你是怎样的人，决定了你怎样看待问题。

件事都会为你看待事物的方式染上色彩。它是你的透镜。我的意思是说：

你是怎样的人，决定了你的眼界如何

有个科罗拉多州人搬到得克萨斯州，建了一所带落地窗的房子，透过窗子可以眺望绵延百里的牧场。有人问他如何享受这远眺的乐趣，他答道："唯一的问题是没有什么可看的。"同时，一个得州人搬到了科州，也建了一所带落地窗的房子，透过大窗可以远眺洛基山脉。有人问他是否喜欢这片风景，他答道："唯一的问题是，大山挡着什么也看不到。"

故事听起来有点夸张，但都说明了一个事实：你是谁影响你能看到什么。同一间屋子里的人看同一件东西，但感觉各不相同，对于妻子玛格丽特和我就是这样。在聚会上和人们聊天，她会凑过来问："穿蓝色运动衫的那个人跟你说什么呢？"我却不知道她指谁。玛格丽特魅力超群，时尚感特强，我却不行。我看人时，不会注意对方的穿着：和我一样，穿的不都是衣服嘛。

每个人都有自己的偏好，这就为我们看待事物戴上了有色眼镜。周

围的事物不会决定我们看到了什么，我们的内在决定了我们看待事物的方法和视角。

你是怎样的人，决定了你如何看待别人

一位旅行家快到某大城市时，向路边闲坐的老者打听："这个地方的人怎么样啊？"

"你来的那个城市市民如何？"老人问。

"很可怕！"旅行家答道，"卑鄙、难以信赖、让人嫌恶、一无是处。"

"啊！"老人说，"你会发现这个地方的人也一样。"

第一位旅行家刚过去，另一位旅行家接踵而至，也问相同的问题。老人同样问其对刚刚访问过的城市的市民作何观感？

"他们都是好人：诚实、勤奋、慷慨、宽容，"第二位旅行家赞不绝口，"我真的舍不得离开那个地方。"

老人答道："这里的市民和那个城市的一样。"

人们看待他人的方式正是自己的内在品质的反射。

如果我是讲信用的人，我会认为其他人也是值得信赖的。

如果我是吹毛求疵的人，我看其他人也是满身缺点。

如果我是有爱心的人，我看其他人也都富有同情心。

你谈论他人、与人交往时，你的性格特质会自然流露。根据简单的观察，不认识你的人能够看出你许多特质。

你是怎样的人，决定了你如何看待生活

在讲演会上，我常常讲一个老故事。祖父在沙发上打瞌睡，孙子们想开个玩笑。就从冰箱里取出一块极呛鼻的林堡干酪①，抹在祖父的胡子上，然后躲起来静待好戏开场。

过了一会儿，老人鼻子开始抽动，随后开始摇头晃脑，最后祖父突然直挺挺坐起来，气咻咻地四处张望，嚷道："这儿的什么东西臭了！"

---

① 林堡干酪，一种比利时原产干酪，气味浓烈、呛人。——译者注

他起身，摇摇晃晃钻进厨房，使劲闻了闻，叫道："这儿也有臭味。"

他决定到外面呼吸点新鲜空气，当他深呼吸时，臭气又扑面而来，"全世界都发臭了！"他无可奈何地说。

故事说明什么问题呢？鼻子上有林堡干酪，全世界就都臭气熏天。对祖父来说，他可以用肥皂和水清除污物，还回原来的清凉世界。但如果一个人心藏污物，想除掉可就困难多了。**想改变看待生活的方式，唯一的办法，是先改变内在。**

我们都有一个内在参照模式，包括对自己，对他人，对人生的态度、构想和期望。这些因素决定了我们是乐观还是悲观，愉悦还是愁苦，信任还是猜疑，热情还是矜持，勇敢还是怯懦。这些不仅关系到如何看待自己的生活，也涉及如何让他人对待我们。埃莉诺·罗斯福（Eleanor Roosevelt）说："除非你愿意，没有人能让你小看自己。"用心理学家菲尔·麦格劳（Phil McGraw）的话来说，"**是你教给了别人如何对待你。**"你传递给他人的是你看待生活的态度；你如何看待生活则源自于你是怎样的人。

多年前，我有幸给美国国家足球联盟（NFL）的圣路易斯公羊队（St. Louis Rams）讲授领导力课程。课后，球队邀我参加他们的一场比赛，并获允和教练、球员的配偶们坐在一起。我正好坐在该球队副总教练兼攻击教练约翰·马茨克的夫人金·马茨克旁边。闲聊时，我问她最喜欢居住过城市中的哪一个？（她曾在俄亥俄州、北卡罗来纳州、亚利桑那州、加利福尼亚州、纽约州、密苏里州居住过。）她答道："现在住的城市。"

"啊，那么你最喜欢圣路易斯？"我问。

"不，不是。我最喜欢现在住的地方，"她答道，"这是一种选择。"多么好的心态啊！如果你也能保持像她那样的视角和感觉，你就会经常看到生活的光明面。

你是怎样的人，决定了你有怎样的作为

在《动物公司》（*Animals*）中，盖洛普公司的肯尼斯·A. 塔克和瓦德纳·奥尔曼讲述了一个发生在农场动物们之间的寓言故事，借以指

出公司对员工的错误管理。农场掌管者坚信任何人经过训练都可以无所不能，于是要求耕田的牛操作电脑，鼓励害羞的绵羊做电话销售。我最喜欢的情节是：稻草人被指派到鸡舍里下蛋。它忙碌了一整天。从体型上说，它完全合乎标准。周围的母鸡们都产下了蛋，它还在屡败屡战。一天下来，精疲力竭，却一只蛋也没产下来。

你可能会想，当然，它根本不会下蛋。母鸡下蛋、牛拉犁、绵羊生产羊毛，天经地义；天赋影响了我们能从事什么工作。与天赋和能力一样，思想和态度，也是我们的重要组成部分，也决定了我们究竟能做什么。我们无法将其从身上区分开来，如果期望值和自身的特质不匹配，就会陷入失望之中。

五大因素决定我们是怎样的人

什么因素决定了我们是怎样的人呢？显而易见，原因很多，我认为其中 5 个因素至为重要。

1. 遗传基因

我和玛格丽特年轻时，天真地以为遗传只占人的组成特质中的一小部分，而环境因素占了 98%。按照自己的样子来塑造孩子，他们将来就是你的翻版。我们收养了两个孩子，伊丽莎白和乔尔·波特。我们发现，虽然教养、个性培养、教育以及精神指导起到了重要的作用，但无论环境怎样变化，一些内在固有的东西始终无法改变。

遗传因素有好有坏。出生时，就已经有了某些优秀的品质和特性，世界上的每个人都一样。但也有一些是你不喜欢的。你只能学习适应它们。个性方面，你要努力克服自己的缺点。如果是天赋，就进一步发挥优势。

对此你无法选择。你不可能改变自己的基因。幸好，只有这一项你无法通过选择改变，其他四个都可由你决定，至少你可以做出一些改变。

2. 自我形象（Self - Image）①

诗人 T. S. 艾略特（T. S. Eliot）发现，"世界上一半的伤害皆因人们想让自己看起来很重要，他们并非存心伤人。他们只是太醉心于自我感觉良好，从而陷入无休止的挣扎之中"。人们像水一样，能够找到自己的水平层次。一个拥有负面自我形象的人会假想有糟糕的事情发生，破坏关系，并发现其他人也是负面的。那些拥有积极自我形象的人会期望好事情发生。而那些拥有积极、正面自我形象的人可能会获得更大的成功，并能看到他人的成功潜能，为其他成功者所吸引。正如心理学家纳撒尼尔·布兰登（Nathaniel Branden）所说："和那些自我认知水平相当的人在一起，我们会感觉最舒服自在，最有'在家'的感觉，有相反认知的人可能在某些方面会吸引你，却不会有这种'自在'的感受。"

传说，某天奥利弗·温德尔·霍姆斯（Oliver Wendell Holmes）在街上散步，一个小女孩加入了他的行列。当女孩转身要回家时，这位著名的大法官说："如果你妈妈问你去哪儿了，就告诉她和奥利弗·温德尔·霍姆斯散步去了。"

"好啊！"女孩自信地说，"如果你的家人问你干什么去了，就告诉他们刚和玛丽·苏珊娜·布朗散步去了。"看，这就是积极的自我形象。

3. 生活经验

从前，村民们告诉年少的羊倌："如果看到狼，就大喊'狼'，我们就会带着枪和猎叉赶过来。"

第二天，小羊倌正在放羊，看到远处有只狮子，他喊道："狮子！狮子！"但没有一个人来。狮子吃掉了好几只羊，小羊倌气得发疯。

"我喊的时候你们为什么不来？"他问村民们。

"我们这个地方没有狮子，"村民回答，"你留心狼就行了。"

小羊倌学到了宝贵的一课：人们只会对其愿意相信的东西做出反

---

① 自我形象：一个人对其自身能力、外表、性格、个性的认知和感觉，以及个人价值的评价。——译者注

应。他们更愿意相信自己的经验。

你是否也是如此呢？回忆一下童年的经历。如果你在运动方面很拔尖，它将有可能成为你生命中的重要部分。如果你善于交朋友，你很可能愿意和人扎堆儿；如果你曾被忽视，或遭虐待，它将带给你另一种影响。**你经历的每一件事都塑造了今天的你。**

我们无法选择所有的人生经历，特别是孩提时代。但我们可以对现在的生活做出选择。我们可以选择配偶，选择职业，选择何处度假，选择是否锻炼身体，选择学习什么。那些有着艰辛过去的人，可以选择是否追求积极正面的经验，以改善生活和思考方式。**我们无法抹去过去的经历，但可以重整旗鼓，塑造全新的自我。**

4. 心态和选择

对过去经验持有的心态，比选择何种经历更重要。正如前面提到的，对于所经历过的事，我们的掌控有限；但是，我们完全可以掌控心态。无论前景光明还是暗淡，如愿还是失望，开放还是封闭，完全在于我们的选择。**我们可能无法改变世界，但可以改变眼界。**

> 我们可能无法改变世界，但可以改变眼界。

我相信心态是第二位的决定因素。（信念是第一位的。）**你的心态将会造就或摧毁你。成败的要素，并非出身、境遇或者银行存款，而是心态。**（如果这个问题难以理解，可以参考一下我的另外两本书，《转败为胜》和《赢者的心态》。）

5. 朋友

在查尔斯·舒尔茨（Charles Schulz）的《花生》（*Peanuts*）漫画系列中，查理·布朗斜靠着墙，双手抱着头，痛苦不堪。他的朋友露西紧挨着她。

"又不高兴了，啊，查理·布朗？"

查理·布朗一言不发。

"你知道问题出在哪儿啦？"露西问。还没等查理回答，露西就宣称："全部的问题就在于'你是你'！"

查理·布朗说："那，我究竟该怎么办？"

"我不能装模作样地给你什么建议，"露西答道，"我只知道问题出在哪儿。"

如果查理·布朗想摆脱困境，结交个新朋友或许是个好办法。

选择朋友是你所能做的最重要的事情之一。作为父母，我和玛格丽特总是很仔细地观察我们的孩子交往的朋友。我们知道，拥有良好品质和积极心态的人有助于孩子的成长；具有不良品质和消极心态的人则会使孩子堕落沉沦。我们总是把家布置成孩子和他们的朋友喜欢待的地方，这样我们就能知道影响他们的是哪些人。

你最亲近的人——特别是你的配偶——会塑造你的人格。你是否曾经看到，本来天性纯良的孩子与惹是生非的朋友在一起，不久就开始有问题？或者你是否看到过，同事或朋友花时间和能够拓展其心智、激励他成长的人在一起相处，他很快在事业上起飞？近朱者赤，近墨者黑。作家和演说家"奇妙的"查理·琼斯（Charlie "Tremendous" Jones）的话一针见血："**今天的你和 5 年以后的你，差别在于你和谁在一起、读什么书。**"

你是怎样的人决定了你如何看待他人。你不可能逃避这个事实。如果你不喜欢他人，正说明了你是怎样的人以及你看待别人的眼光。问题出在你的观点上。如果有这种情况存在，不要试图改变他人；不要总盯着别人的不足，你才是问题的所在。如果你能改变自己，成为自己所期望成为的人，你会以一个全新的视角来看待他人。如此一来，你的社交也会焕然一新。

讨论问题

1. 请你对人及其本性做个概括，你将如何作答？（现在就花点时间做这项工作。）你的人生观是乐观、怀疑、喜欢尝试、超然物外，还是其他？他人对你的评价，你如何看待？

2. 总体上说，你的心态积极还是消极呢？（不要以现实主义者自居逃避问题，你更倾向于哪种心态？）你认为自己的心态是"资产"还是"负债"？如何提升自己的心态？

3. 回忆童年，什么样的特殊经历塑造了你的人格特质？它激发了你对人们的信任还是怀疑？它使你成年以后对人际关系的看法蒙上了何种色彩？如果它的影响是负面的，你能开始追求一种积极的经历，开启全新的、积极的人生吗？

4. 你是否同意"今天的你和5年以后的你，差别在于你和谁在一起、读什么书"？你认为还有哪些因素也同样（或更）重要。

5. 思考你希望培养的个人品质。把它们列下来。现在就订一个提升计划。首先，花时间与那些拥有你所渴望的品质的人待在一起；其次，选择每月要阅读的书籍来帮助你成长。

镜子法则

正人先正己

对付难缠的人常常令人懊恼，尤其那个人恰恰就是你。

扪心自问：是否已经检省自我，并对自己负起责任？

你是否认识这样的人，他**最大的敌人就是自己**。面对成功，总是可望不可即；对工作总是拿不起放不下。这些人空有潜力却难以成事。当然这些人中也不是没有成功的。这类人通过不断磨炼、逐步改善与他人的关系，也能够成就大事。我相信彼得·罗斯（Pete Rose）① 就是这种人。

叫不叫罗斯，有什么关系②

提起棒球，很少有人能望罗斯项背。以下只是罗斯的部分主要战绩：

- 职业生涯中击出安打数量最多（4256 只）
- 出赛场数最多（3562 场）
- 击球数最多（14053 次）
- 能以左右开弓打者，击球数最多（5752 次）
- 每赛季安打数 200 次以上（10 季）
- 每赛季击球 600 次以上（17 季）
- 国家联盟职业生涯中累计得分记录最高者（2615）
- 国家联盟中出赛年限最长（24 年）

罗斯这位曾两度荣膺"金手套奖"的外场手，所获嘉奖无数，包括：国家联盟年度新人奖（1963 年）；国家联盟最有价值球员（1973 年）；世界职业棒球大赛最有价值球员（1975 年）。正当罗斯在棒球界日渐辉煌时，在生活方面却身陷泥淖，尤其是染指赌博搅得其生活一团糟，并最终有可能结束其棒球生涯。

早在 1900 年，世界职业棒球大赛发生赌博丑闻以来，大联盟就一直禁止涉赌球队参与比赛。美国每一个联盟球队的俱乐部会所中，第 21 条（d）款禁赌规定都张贴在每个球员和教练耳目所及之处，以为警

---

① 彼得·罗斯，美国职业棒球运动员，以技术全能和为人热情著称。在担任红人队总教练时因涉嫌赌博被大联盟裁以终身不得涉及棒球任何活动的处罚。——译者注

② 原文为 A rose by any other name，语出莎士比亚的名句 "What is in a name？That which we call a rose by any other name would smell and sweet"（名字有什么关系？把玫瑰花叫做别的名字，它依旧芳香）。此处借用同音，指罗斯。——译者注

示。该条规定：

> 任何球员、裁判，球队或联盟官员、员工，任何比赛中，
> 凡是未参赛或当值者涉及任何数目的赌博，将被宣布停赛或停
> 职一年。
>
> 任何球员、裁判，球队或联盟官员、员工，任何比赛中，
> 凡是参赛或当值者涉及任何数目的赌博，将被宣布终身禁赛或
> 终身停职。

作为球员，彼得·罗斯肯定经过那张布告不下 3562 次，因为他参加了这么多次的比赛。当了球队经理以后，他至少还应该看过 554 次，但他仍旧参与了赌球。2004 年 1 月，否认参赌 14 年后，罗斯终于承认了其参与赌球，包括下注他自己的球队——辛辛那提红人队。

盲　点

彼得·罗斯 1987 年开始参与棒球赌博，他说他"居然没考虑过后果"。或许，这理所当然地使其堕落成"赌博强迫症"——虽然罗斯强烈地反对这一称谓。但是，对一个整年醉心于各类体育赛事赌博的人，尽管赌博很可能摧毁他的职业生涯，但就是难以停手，其所掷下的赌资数额也令人咋舌。对于这种人，还有什么更恰如其分的称谓吗？赌注登记经纪人朗·彼得斯证明，仅一个棒球赛季，他就从罗斯那里拿到了 100 万美金的赌金。

为什么罗斯看不到自己变成了什么样子？为什么他不能远离棒球赌博？为什么他能对十多年来的所作所为持续说谎？为什么他说自己真正的问题是择友失误？他怎么一再地说自己没有问题？我认为答案就是他太醉心于棒球，而从来没有照照镜子，检省一下自己。

好好注视一下自己

罗斯认识到他和其他球员不同，但很少停下来反省一下这是好事还是坏事。他说："乔·摩根（罗斯的前队友，现在已进入'名人堂'）

常常为我感到遗憾，因为当棒球生涯结束后，我除了苦度余生外一无所有。我从来不理解乔的思考方式。我总是认为他不像我那样全力投入，不像我那样热爱棒球比赛。哪个头脑清醒的人会把其他事情看得比棒球更重要呢？”

罗斯打球的时候，拒绝自我反省并没有对其职业生涯带来多少损害，尽管这破坏了他的私人关系。但一旦离开球场，问题就开始了。罗斯承认：

> 事后看来，我应该花点时间反省一下自己的人生，想想自己走过的路以及将向何方。如果读书，应该读一读其他名人是如何安排退休以后的生活的……我应该打电话给狄克·巴特库斯，请教他作为成就辉煌的球王，从美国国家橄榄球联盟退休后感想如何；也应该打电话给特里·巴莱德修……可我不知道他们这些人是如何对待退休的，因为我从来没有和他们聊过这些事，没跟任何人聊过。这不是我的风格。

在一次难得的反省和真诚的自我评估中，罗斯总结出他面对自我的方式：“在棒球史上，我知道自己的纪录和地位，但我从来都不清楚它的界限，也从来无法掌控这部分生活。承认自己失控，对我来说是不可能的。我只意识到我享有的特权，却没意识到所负的责任。”在我看来，他仍旧在苦苦挣扎，难明他的责任到底是什么。不喜欢照照镜子看看自己你就很难做成事。

镜子测试

意识不到自己是怎样的人，不知道自己干了些什么的人，常常会破坏和他人的关系。改变的方法就是揽镜自照。我们每个人都应该这样做。这就是我所说的“镜子测试”。请考虑这些事实，他们都是了解自我所必须的：

必须了解的第一个人是自己——自我认知（Self – Awareness）
我们本性上总喜欢臧否世人，知人却不自知。彼得·罗斯的问题在于没有清晰的自我形象。**他倾向于以受害者自居。**罗斯把自己描述成出生于贫民窟的孩子，只有普通运动员的天分。他认为他所受的处罚（逐出棒球界）与他的过错相比过重。

　　一些人天生就有自我认知的品质。《成功人生的 7 种智慧》（*7 Kinds of Smart*）作者托马

> 我们本性上总喜欢臧否世人，知人却不自知。

斯·阿姆斯特朗指出，这类人拥有内在的智慧。但是，对大多数人来说，自我认知并不容易。这是一个过程——有时是一个缓慢的过程——还需要刻意的培养。

　　必须和睦相处的第一个人是自己——自我形象（Self‒Image）

　　作家悉尼·J. 哈里斯说："如果你总和自己过不去，你也很难与人相处。"我要更进一步说，**如果你不相信自己，就会破坏你的人际关系。**

　　多年来，我一直在传授一个理论，称之为**"盖子法则"**（Law of the Lid）①，在《领导力21法则》中有详尽解释。盖子法则意即："**领导力决定一个人的成效水平。**"我的意思是："**如果你是一个糟糕的领导人，无论工作多努力，你的专业都无法提升多少。**"一家公司、一个部门、一支团队常常会因能力低下的领导人受挫。

　　在人际关系方面，自我形象也有异曲同工的作用，它如同"人际关系的盖子"。**你对自身形象的设计决定了你建立健康人际关系的能力。负面的自我形象会阻碍一个人的成功。对感觉有负面的自我形象的人而言，即使有所成就，也不能持久，因为他最终会把自己拉回到其认定的低层次。**从某种意义上说，彼得·罗斯的自信弥补了他在自我意识方面的欠缺，使其这方面的缺陷影响减缓。

　　心理学家、《纽约时报》畅销书作家菲尔·麦格劳（Phil McGraw）说："我常常强调，最重要的人际关系就是和你自己的关系，首先要成为自己最好的朋

> 最重要的人际关系就是和你自己的关系，首先要成为自己最好的朋友。
>
> ——菲尔·麦格劳

---

① 盖子法则，指一个人的领导力如同盖子，会影响其成效水平高低。——译者注

友。"如果不了解或者不喜欢某人，能和他成为"最好的朋友"吗？不能！这就是为什么发现自己是怎样的人，努力成为自己欣赏和尊崇的那种人非常重要。

造成我的问题的第一个人是自己——自我坦诚（Self – Honesty）

喜剧演员杰克·帕尔自嘲说："回首往昔，**生活就像障碍大赛，而自己就是最大的障碍。**"虽然是玩笑话，但对于我们大多数人来说，他的话却是事实。在"自己就是自己麻烦的制造者"上，彼得·罗斯可不是独行侠。我有这样的问题，你也有。假如要把对自己的问题负责的人抓来揍一顿，我们可能几个星期都爬不起来。最好的解决办法，是乐于对照镜子、自我反省，坦诚面对自己的不足、缺点和问题。

大学毕业几年后，和一位老同学共进午餐。和我一样，他的第一份工作是在小教堂做牧师。吃饭时，他谈到他们教堂的会众。他说，教堂董事会里这个人是疯子，委员会会议上那个人有毛病，在做辅导时又碰上个傻子，和他们在一起，简直令人头疼。在谈到第五个难相处的人时，我开始生气了。我想，如果不欣赏或者不尊重他们，如何能带领他们？

"佛瑞德，想知道为什么你的教堂里有这么多'傻子'、'疯子'吗？"我问。

他放下叉子，表现出很大兴趣："当然，我很想知道。"

"因为你是他们当中最大的'傻子'、'疯子'。"

他张口结舌。

或许接下来的一小时，关系很尴尬，因为佛瑞德对我的解释并不感兴趣。但对旁观者来说，再清楚不过了，佛瑞德就是问题本身！此后不久，他就离开那家教堂，转到了另一家。没过多久，他又认为新教会也到处都是"疯子"、"傻子"和"有毛病的人"。

约翰逊维尔食品公司的 CEO 拉尔夫·斯泰尔承认："（直觉上）我很早就认识到这个问题，并不断反思。很多情况下，自己就是问题本身。**自己的心态、愿景、期望，成为迈向成功的最大障碍。**"如果不想成为自己最大的敌人，你必须坦诚地面对自己。

首先必须要改变的人是自己——自我提升（Self – Improvement）

开坛授课和撰书为文的一大危险就是，每个人都会把你当做对所讲述的东西无所不精的专家。千万不要相信这一点。和你一样，我仍在努力提升自己的人际关系技巧和领导力。本书中的很多原则我做得还不够，所以我也在不断自我提升，而且，我会一直如此。如果哪天我自认为不再需要成长，那我就有麻烦了。

威斯敏斯特教堂①的地窖里，11世纪英国国教主教的墓碑上镌刻着以下文字：

> 年少放荡不羁，好高骛远，梦想改变世界；冀飞双白，智慧渐长，发现世道如故；于是放低眼界，致力促进家国，然家国如故；日渐残暮，只存一念，唯求造福桑梓亲朋，悲夫，桑梓如旧，亲朋无动于衷。如今卧于病榻之上，蓦然醒悟，一切变局，始于自我；以我为始，促进桑梓亲朋；以此激励蔓延，达致国家，不知不觉间，世界乃同此凉热。

那些深陷人际关系困境中的人，习惯于从别人，而非自己身上寻找问题根源。但我们永远都必须先从自己入手，乐意改变自己的不足。批评家萨缪尔·约翰逊说："有些人对人性知之甚少，他们不从自己的性格、脾气改起，而是希望改变其他事物来寻求快乐。这种毫无结果的努力不仅空耗生命，而且加重了悲伤。"

能够改变的第一个人是自己——自我责任（Self - Responsibility）

在《打造卓越团队的17条法则》一书中，我提到了"**意义法则**"（Law of Significance）："**单靠一个人的力量，难以成就大事业。**"我真的相信，仅靠单个人的努力，成就不了什么丰功伟业。当然，我承认，任何大事业都始自某个人的愿景。这个人**不仅拥有愿景，而且有责任把愿景传递给每个团队成员。在这个世界上，如果你想与众不同，就必须为自己负起责任来。**

---

① 英国名人墓地。——译者注

照照镜子吧

多年以前，到新西兰办一个研讨会，住在克赖斯特彻奇的一家旅馆。一天晚上，口渴难耐，于是到处寻找可乐售货机。正当一无所获时，看到有一扇标有"员工专用"的门，于是打算进去看看，能否找个人帮忙。里面没有工作人员，也没有饮水机，但我发现了一些有趣的东西。就在拉门准备走到大堂的时候，我发现门上镶了一面大镜子，上面写着一句话："照照镜子吧，这就是顾客眼中的你。"宾馆的管理人员提醒员工们，要圆满完成任务，需要先审视自己。

这同样适用于我们。精神治疗师谢尔登·科普认为："**所有重大战役始于自我**。"当自我检省时，就会发现这些战争是什么。我们面临两种选择，一是像某人，前去看医生，发现有严重的健康问题，医生拿出他的 X 光片，建议他做一个既痛苦又昂贵的手术，该人问："哦，但是，如果只是修改一下 X 光片，收多少钱呢？"

第二个选择是，停止抱怨别人，检省自我，努力解决自己面临的问题。如果你想拥有更好的人际关系，那就停下来，照照镜子，开始改变你自己。

讨论问题

1. 如果你问家人、朋友和同事，自己哪种行为和习惯弊多于利，他们将如何作答？（如果有勇气，不妨真的问一问。）这些因素如何影响了你的人际关系？

2. 如何按照镜子法则作自我反省？在我们的文化环境中，人们是否能"吾日三省吾身"？解释你的答案。何时、何地、多长时间、多频繁审视你的性格、检讨你的习惯和批判你的行为？在这方面，你如何改进？

3. 你如何评价自己？列出自己的优势和劣势。总的来说，你生命中经历的成功多还是挫折多？你对未来作何期望？你的过去会给将来造成多大影响？

4. 当前"自我价值"潮流的一大遗患就是，无视品格和绩效，它鼓励人们一味高估自我。为什么以事实为基础建立自我形象至关重要？如何才能戒骄戒躁又满怀信心？

5. 你需要在哪方面获得长足进步？你是如何担负起这一责任的？你在这方面的提升计划是什么？你是否决定投入资源，列入行动日程？如果还没有，为什么？如何在这方面提升？

痛苦法则

有受害者心理的人会
伤害他人，也容易被伤害

"做你自己"是你能给某些人的最糟糕的建议。

扪心自问：我是否伤害了别人，或者太容易被人伤害？

在职业生涯的早期，我接受邀请领导一个教会。这是一次很好的机会，而且所在的小镇环境怡人。对玛格丽特和我来说，那是一段美好的时光。

我的新笔友

初来乍到才 10 天，我就收到了一位叫汤姆的教友寄来的信。打开一看，立刻发现原来是我来教会第一个星期天讲道的打印稿。这令我既感惊讶，又受宠若惊，竟然有人花时间把我的话一字不落地整理出来。我仔细阅读，满纸密密麻麻地写满了评论。汤姆用红笔标出其中每个语法错误，纠正了每个讲错的字，并指出了他认为与事实不符的地方。

这让我很奇怪，但不怎么担心。我知道自己并不完美，也意识到有时会说错话。我拥有健康的自我形象，所以不会自寻烦恼。但紧接着下一周，我又收到一封汤姆的信，仍是对我上周日讲演的文稿抄录，并用红笔将其中的错误一一标记。我想我应该见见汤姆，弄明白究竟是什么让这位老兄不厌其烦乐此不疲。

接下来的一个周日，讲完道后，我请同事指给我哪位是汤姆。我走到他身边，伸出手说："您好！我是约翰·麦克斯韦尔。"

汤姆只是盯着我看，然后说道："您好！牧师。"看得出来，他并没有打算和我握手。然后，他转过身走开了。

不用说，你猜，几天后，我的信箱收到了什么？又一封汤姆的来信。我开始将这些来信称之为"情书"。我每周都能收到这样中肯的批评。你猜我收到这样的"情书"共有多长时间？整整 7 年！在这期间，他从不主动和我握手。我一直试图接近他，但他好像不太愿意和我有什么关系。只有一个共同话题，使他愿意和我说说话——我的孩子是领养的，他的也是，他愿意和我谈论这些事。不过，他还是不冷不热的。

真　相

一天，和一位资深牧师共进午餐。我跟他提起汤姆，提起每周一封的"情书"，以及总也不能赢得汤姆"芳心"的苦恼。牧师朋友看着我，说："你知道，约翰，**有受害者心理的人会伤害别人。**"这句话使我恍然大悟。"无论何时，某些人说了伤人的话，或做了伤人的事，"他继续说，"你都需要透过表面，找出其中的原因"。

从那以后，我以全新的角度看待汤姆，并开始寻找汤姆痛苦的原因，也试图再次接近汤姆。终于有一天，我试图与之沟通时，他道出了个中原委。他说："千万不能相信牧师。"后来我才知道，汤姆曾担任某教堂的管理委员会成员，受到当时牧师的不公正对待。从那时起，他就断定牧师没有一个好东西，都不值得信任。

弄清楚问题所在，就能对症下药，去赢得汤姆的信任了。经过一番艰苦努力，在我离开兰开斯特市就任另一教会领导职位时，汤姆终于放弃了对我的不信任。我们成为了朋友，他不仅乐意同我握手，而且还会给我最热烈的拥抱。从那以后，他再也不给我写"情书"了。

有些痛苦并不能带来收获

切实领悟痛苦法则的内涵，将有助于与他人相处，你需要牢记以下4个事实：

1. 很多人正在遭受伤害

无须心理治疗师的指点，我们就能看到，今日社会很多人都在遭受创痛。专栏作家安·兰德斯断言，现在每四个美国人中，就有一个身心失衡。（她还说，我们应该看看身边最亲密的三个朋友，如果他们看上去心理正常，那你就是那个不正常的。）

当然，人们易受伤害已经不是什么新鲜事。19世纪，哲学家亚瑟·叔本华（Arthur Schopenhauer）就将人类比喻为在寒冷冬夜蜷缩在一起的豪猪：

> 外面天气越来越冷，我们靠得越来越近互相取暖；但是我们靠得越近，身上的硬毛刺痛对方越甚。在这个地球孤独的冬夜里，我们不得不互相远离，独自流浪，最终冻死在孤独无援中。

叔本华是一位极度的悲观主义者。与他不同，我相信每个人都有希望。当然，同时我们也不能对人类抱有过于天真的幻想，很多人正在舔舐自己深处的创痛。

2. 有受害者心理的人经常伤害他人

德国诗人赫尔曼·黑塞（Herman Hesse）写道："如果你憎恶一个人，说明令你憎恶的那些特质在你身上也有。我们身上没有的特质，不会困扰我们。"我赞同他的观点。那些受伤的人发动攻击时，恰恰是他们对内在发生事情的回应，而非对外在的回应。他们感觉或者相信其内在存在着负面的东西。问题在于，**缺乏自信的人永远不会成功，而且他们还会阻碍周围的人成功**。

在牧师生涯的早期，我做过很多辅导咨询，但最终我把这些事务转给同事负责，因为我的性格不适合这项工作。那些年，我辅导过很多遭遇创痛的夫妻，发现他们之间的互动有着共同的模式，夫妻间一个人情绪失控，另一个则低眉顺眼，小心善后。我看到这一幕不断上演。通常，遭受创痛越深的人，伤害他人也越深。

3. 有受害者心理的人经常被人伤害

有受害者心理的人不仅伤害他人，也容易被他人伤害。我的朋友凯文·迈尔斯如此解释：如果有人手指扎进一根刺，而任由它留在那里，他的手指就会肿胀、感染。如果另一个人恰巧碰了一下他的手指，那个人就会疼得乱叫："你弄疼我了！"事实上，问题不是出在不小心碰人手指的无辜的人身上，而是出在有刺不拔却声称受人伤害的人身上。

情绪上的痛苦也与此相似。**有受害者心理的人过度反应、过度夸张且过度自我保护**。他们也过度影响他人，我的意思是他们控制着人际关系。汤姆的例子即是如此。他的旧伤口是与前任牧师未解决的冲突。他从没有拔除"那根刺"让伤口愈合。而且因为仍在受伤害，他阻挠我们成长达七年之久。事实总是这样：不健康的人总是阻碍人际关系的发展。

当你与人相处时，请记住一点：无论何时，如果一个人的反应超乎问题本身，他的反应几乎都与其他的事情有关。

4. 有受害者心理的人经常伤害自己

有个经典的幽默，一位"万事通"，每天早上都和他的朋友在车站等市郊火车，他总喜欢对朋友喋喋不休、不懂装懂地大放厥词，而且总用手指在其胸前指指戳戳，这当然让朋友感到不自在，所以他最终下决心制止这种行为。

第二天，去车站的路上，这位朋友遇到第三位朋友，对其说道："真是受够了那个家伙喋喋不休，戳我胸口，今天要给他点颜色看看。"

"你准备怎么做呢?"第三位朋友问道。

> 一个人如果不能宽恕他人，等于把自己前面的桥拆了。
> ——乔治·赫伯特

朋友掀开外套，露出三支绑在胸前的炸药。"他今天再戳我的时候，"他诡笑道，"就炸飞他的手指。"

受伤害的人经常会这样。他们可能伤害他人，但受伤最深、最频繁的是他们自己。诗人乔治·赫伯特（George Herbert）说："一个人如果不能宽恕他人，等于把自己前面的桥拆了。"

如何对待有受害者心理的人

作家格伦·克拉克（Glenn Clark）建议："如果你想远行并走得快些，就轻装上路。放下你的羡慕、嫉妒、忌恨、自私和眼泪。"那些受过伤害的人很难做到这一点。结果，他们的行为和反应与健康的人并不相同:

健康的人:	有受害者心理的人:
更乐于改变	不愿意改变
更乐于承认失败	不愿意承认失败
更乐于探讨问题	不愿意探讨问题
更乐于向他人学习	不愿意向他人学习
更乐于解决问题	不愿意解决问题
能够轻装上阵	总是包袱沉重

如果发现自己正在和有受害者心理的人打交道（我们所有人都会遇到这样的情况），我建议你遵循以下事项：

1. 别往心里去

即使没有受到任何冒犯，有受害者心理的人还是会没事找茬。当你知道自己没有做错事，记住，别人说什么并不重要；重要的是相信自己。你可以对他们所受的伤害深表遗憾，对他们的处境抱以同情之心，但是千万别往心里去。做到这点不容易——即使对一个拥有健康自我形象的人来说，也很难做到——但值得去努力。

2. 透过其人，找出问题所在

就像我对待汤姆那样，你可以尝试透过其人、其伤人的行为，找出其伤痛根源所在。即使不能发现问题根源，也会有助于你以更大的包容心和同理心与之相处。

3. 跳出情境陷阱

你是否有过打电话告知别人坏消息，但又犹豫不决的经历？倒不是坏消息本身让你担心，而是你害怕电话那头对方的反应？就在上周，妻子和我就不得不打一通这样的电话。本来周末已经计划好了，但最后一分钟却发生了变化。我们不得已给一位朋友打电话——他对临时变卦很反感。我们实在不愿意打电话，不是因为电话本身，而是因为这位老兄情绪不定，总是反应消极。

在这种情况下，尝试把注意力从当时情景移开。只要记住，**你所遭遇的并不重要，重要的是你内心发生了什么**。尝试着从他人的情绪混乱漩涡中跳出来。

4. 切勿落井下石

许多人天性倾向以牙还牙、以眼还眼。但打击一个受过伤害的人无异于落井下石。英国政治家培根（Francis Bacon）说："此事确信无疑，如果一个人总想着复仇，他的伤口就会永远伤痛，而本来那伤口是可以愈合、复原的。"如果有人攻击诋毁你，最好的办法就是宽恕他，然后继续走自己的路。

5. 援之以手

对有受害者心理的人，你能做的最仁慈的事情就是使其得到帮助。有些人并不想解决他们的问题，当然你也不能强迫他们接受帮助。但你总是可以选择援之以手。这或许需要很长时间，就像我对待汤姆那样，但即使是受伤极深的人，最终也回心转意了。

假如你就是那个有受害者心理的人

本章开篇的问题是：我是否伤害了别人，或者太容易被人伤害？如果你回答"是"，那么你就需要回答第二个问题：我是否准备解决问题，并摆脱痛苦的困扰？这才是关键所在。大多数人只是希望尽快修整自我，以减轻当前的痛苦。这就是为什么有人会选择攻击他人；它能使他们获得暂时的快感。有些人用酒精、食物、性，或者其他东西麻痹自己，减轻痛苦。但正如我的朋友凯文·迈尔斯所说："如果你想好起来，你需要的不只是尽快修整，还需要身心健康。"

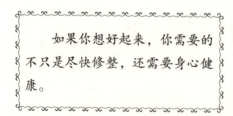

如果你想好起来，你需要的不只是尽快修整，还需要身心健康。

追求情绪健康的人，不会只图一时的发泄。他们会寻求正确方法。你怎么知道你是哪种类型呢？那些寻求暂时发泄的人，一旦痛苦和压力减轻，他们就不再努力去解决问题。而寻求身心健康的人，即便其困扰已经消失，也会继续做正确的事，不断提升自我。

揭开旧的创痛和情绪问题，通常需要专业咨询师的帮助，而且可能让你困扰不已，但这是值得的。最近读到一则故事，可做很好的类比。1995 年 3 月，位于康涅狄格州水城的新英格兰管道清理公司正在马萨诸塞州的里维尔市街道底下作业，清理一条直径 10 英寸的排水管。工人们发现了一堆堵塞管道的普通物品，但是也发现了不少其他东西：61 个戒指、古钱币、银器。坏消息是工人们不得不做这些讨人厌的工作；

好消息是他们获准可以把清理出来的值钱的东西据为己有。

　　如果你的社交管道严重堵塞，你也许需要去做一些挖掘疏通工作，让管道通畅。可能需要面对一些令人作呕的东西，但作为回报，你也会发现一些从不知道的宝物。通过努力工作，你将会开发出健康的社交能力和人际关系管道。

讨论问题

1. 你对叔本华关于豪猪的比喻作何感想？你认为它准确地表达出了人们彼此对待的方式了吗？你是否还有更好的描述和比喻？

2. 如果我们讨厌自己某一点，而这一点在别人身上也有，我们会很容易对别人产生负面反应。你同意这个论点吗？请解释。

3. 你觉得把某人带给你的痛苦，和这个人或是情景区分开来，是否困难？请解释。你可以采取什么策略来有效解决这一问题。

4. 一般来说，你属于那种不是存心去伤害别人的人，还是容易被受伤的人所伤害的人？请解释。

5. 你如何对那些受过伤害的人抱有同情之心，同时又不会让他们继续陷于痛苦之中，或者发泄在你身上。受伤害的人在哪些方面可以得到帮助？可以通过哪些容易让人接受而有效的方式帮助遭受伤害的人？请解释。

锤子法则

千万别用锤子拍打别人头上的苍蝇

如果想赢得这个世界，就去融化它，不要用锤子击打它。

——亚历山大·麦克拉伦（Alexander MacLaren）

扪心自问：在人际关系上，是否有人说我小题大做？

我和妻子玛格丽特 1969 年 6 月结婚，和大多数情侣一样，我们天真地相信未来的生活会一帆风顺。但是没有多久，我们就像很多夫妻经历过的那样，在很多琐碎的事情上争执不下，特别是婚姻生活刚开始的适应阶段。

和大多数人一样，我几乎每次都认为我是对的，而且我要玛格丽特明白这一点。我一向很会说话，也很有说服力，因此我常常利用这点在争论中占上风。我们之间从来不会大喊大叫，总是比较理性，也很克制，但我总确信自己能赢。问题是，每当我得到一些东西的时候，玛格丽特总会失去些什么。

结婚头两年，我们做了很多正确的事情，却唯独这一点做得不好。不知不觉地，我慢慢地但实实在在地打击着玛格丽特的情绪。有分歧时，我小题大做、反应过度，不知不觉地，在我们之间的心墙上砌上了不少砖。我没有意识到，不惜代价地争一时输赢，最终可能会危及我们的婚姻。后来某天，玛格丽特在我身边坐下来，告诉我当我们争论时她的感受，并解释这给我们的关系带来的影响。我第一次意识到，原来我把赢得争论看得比赢得关系更重要。

从那天起，我决心改变。**我意识到拥有正确的态度比拥有正确的答案更重要**。我改用温和的方式，更多地倾听，不再为鸡毛蒜皮的小事大动干戈。很快，我们之间的心墙倒塌了，我们开始搭起心桥。从那时起，每当和我关心的人发生冲突后，我总是有意识地建立联结，努力进行沟通。

如果我有一把锤子

让我们面对事实吧。有些人很有个性，本来可以采取温和的方法，但他们总习惯拿起锤子，敲打别人，就像《加尔文和霍布斯》系列漫画中的加尔文一样。

　　必须承认，我有时也很像加尔文，虽然不喜欢那样。当忍不住想使用颇具杀伤力的言行时，就会努力用以下 4T 原则来和缓，当你处在相似情境中时，不妨也试试这些方法。

1. 全景（Total Picture）

　　有个中年人进到鸡尾酒吧，径直走向吧台，问服务员："有什么东西能治打嗝？"服务员二话不说，弯腰从吧台底下捡起一块湿漉漉的破抹布，往中年人脸上抽了几下。

　　"嘿！干什么你？"中年人大惊。

　　服务员面露微笑："您不再打嗝了吧？"他问。

　　"我从来就不打嗝，"那人嚷道，"是我老婆打嗝，我是给她治的。她在外面的车里。"

　　问题还没有弄明白之前，你是否会骤下结论？对我们这些个性很强的人来说，这种情况经常发生。这就是为什么我要训练自己养成习惯，避免在别人问完问题以前，就急不可待地用答案来锤打他们。别人与我分享观点时，我努力：

倾听，

问问题，

再倾听，

问更多问题，

再倾听，

　　　　　　然后，

　　　　　　回应。

　　我发现，如果让自己平静下来，就会做出耐心、恰如其分的回应。

2. 时机（Timing）

　　最近读到一段作家丹·詹德拉（Dan Zadra）的话："你做什么，比什么时候做，更为重要。"这句话并非永远正确。如果将军没有在正确的时间下令出击，就会失利；如果父母没有把受伤的孩子及时送到医院，小孩就会失去生命；**当你误会他人时，如果没有及时道歉，你就会失去良好的人际关系。**

> 真正的谈话艺术不仅是在正确的地方说正确的话，还要在受蛊惑的时候不说错话。
>
> ——多萝西·内维尔夫人

何时行动和采取正确的行动一样重要。甚至，知道何时不行动更重要。著名主持人和作家多萝西·内维尔（Dorothy Nevill）夫人观察发现，**"真正的谈话艺术不仅是在正确的地方说正确的话，还要在受蛊惑的时候不说错话。"**

　　凯文·麦克黑尔目前担任明尼苏达森林狼队的总经理，此前，他是波士顿凯尔特队辉煌时代的明星球员。他对凯尔特队当时的教练 K. C. 琼斯评价道：

> 　　每次比赛失利，或者在比赛结束前一刻有队员投球失误，他总是第一个走过来，拍拍那个球员的背，说："别在意，我们下次赢回来。"但如果你表现很棒时，他从不会走到你身边。一天晚上我问他个中缘由，他说："凯文，当你赢得球赛，会有 15000 人为你欢呼，电视台也会聚焦于你，每个人都会向你致敬，那时候你不需要我。而当感到没有人喜欢你的时候，你需要一个真正的朋友。"

　　对我来说，在人际关系上最糟糕的时刻通常是自私心作祟。（如果你家里有孩子，想想他们选择的时机，通常都很糟糕，因为他们只考虑自己。）因此，为小事烦心时，我们第一要务是把个人的事情先暂放一旁，把建立关系作为头等大事。如果你审视动机，确定动机良好，那就需要问自己两个有关时机的问题：第一，我准备好面对了吗？这个问题很容易回答。因为这只是小事一桩，或者说你是否已做好准备。第二个问题比较难以理解，他人是否已经准备好倾听？如果你已经为建立关系做好铺垫，你们两个之间有没有矛盾和对峙，那么答案将是肯定的。

3. 语气（Tone）

有位单亲妈妈，带着两个孩子，一个 5 岁，一个 3 岁。妈妈总是纠正孩子说脏话的习惯。她尝试了所有办法，改掉孩子说脏话的毛病，包括带他们去看儿童心理医生。几经反复，灰心丧气之余自己思忖：用M&M 巧克力诱惑都没用，但也不能对孩子的行为置之不理吧；而且现在还变本加厉。看来只能采用我老妈对付我哥哥说脏话时的办法来对付这两个小家伙了。

第二天，5 岁的孩子起床，走进厨房。妈妈问："宝贝儿，早上想吃什么？"

他抬起头看了看："就给我点儿@#＊&％！麦片就行了。"

闻听此言，妈妈将孩子揍得满屋乱窜。3 岁的弟弟看到了吓一大跳，他从来没有看到过这种场面。然后妈妈看着他问道："你早上想吃什么？"

他睁大眼睛看着妈妈，说："哦，你可以打赌你的#@＊&我可不想要那些@#＊&％！麦片！"

通常，人们回应我们的态度和行为，而不是所说的话本身。**很多鸡毛蒜皮的冲突都是因为人们使用了不恰当的语气和音调。**《旧约圣经·箴言篇》（Proverbs）的作者说："回答柔和，使怒消退。言语暴戾，触动怒气。"（《箴言篇》15：1）。你是否发现这句话一语中的？如果不是，就做个试验。下次有人对你语带怒气地说话时，你回之以柔和与善意。当你这么做时，言语尖刻的对方语调可能会平缓下来，即使语气没有变软，其态度也会缓和下来。

4. 温度（Temperature）

情绪暴怒时，用弹弓就能解决的事情，往往诉诸炸弹。这就带来了一大堆麻烦，因为处理问题的方式往往让问题变了味儿。一般说来：

> 如果反应比实际情景更糟糕，问题通常被激化；
>
> 如果反应比实际情景更平和，问题通常会弱化。

这就是为什么我努力遵守自我设定的所谓"自责法则"："花 30 秒去表达你的情感，然后就结束。"**任何时候把小事夸大，反应过度（反应时间超过 30 秒），就相当于我们举起了锤子。**

我和妻子玛格丽特在这方面常常互相帮助。两个孩子年幼时住在家里，每当要和他们面对面谈话时，我们会使用一个策略：她和我一起坐在沙发上手拉着手。一旦一个人火气太大或者反应过度，另一个人就轻捏一下对方的手，以示提醒。多年来，这种恰当而温和的方法常使我们避免用言语"敲打"孩子。不过，我们的手常被捏得淤青疼痛。

把你的锤子换成丝绒手套

一些人可能认为锤子法则对任何事情都适用。你可能会说他们采取的是"铁锤式"的人生态度，我发现这种心态常常存在于成功人士中。当他们集中精力于某件事情时，会开足马力，全力火拼。这种方法对工作有益，对人却是可怕至极。正如心理学家亚伯拉罕·马斯洛（Abraham Maslow）观察所发现的："**如果你手里的工具只有一把锤子，你就会倾向于把每个问题都当做钉子。**"你需要更明智地对待人们。

如果渴望培养一种温和的与人沟通的方法，请牢记以下建议：

过去的就让它过去

两个男人在一起抱怨各自的妻子。"我们吵架的时候，"第一个人说道，"妻子就开始揭老底（becoming historical）。"

朋友答道："你的意思不是歇斯底里（hysterical）吧？"①

"不，"第一个男人说，"我的意思是'揭老底（historical）'，她会把我做过的错事翻个底朝天。"

事情发生时，就当下解决。事情过后，就不要再提起。如果"揭老底"，你就会把别人当成钉子。

问问自己：我的反应是否也成了问题的一部分？

正如我在"痛苦法则"中提到的，当一个人的反应大过问题本身，其反应肯定另有根源。不要反应过度，以免问题变得更糟糕。

记住，行为比语言更让人记忆深刻。

如果你有高中文凭或大学学位，你还记得毕业典礼上嘉宾致词的内容吗？如果你已结婚，是否还能回忆起你们的结婚誓言？我猜是"不能"。但我敢打赌，你仍记得你结过婚和获得了学位。你对待人们的方式会比选择用什么言词更让人记忆深刻。

千万不要把情势看得比关系还重要

我相信，如果不是把和玛格丽特的关系看得比争个输赢更重要，现在我们就不会在一起了。人际关系的基础就是彼此的联结契合。把关系看得越重要，彼此间的联结就越紧密。在"情势法则"中，我会进一步解释这一点。

用无条件的爱对待你所爱的人

因为我们的社会有很多家庭不幸和人格不健全的个体，很多人缺乏无私的爱这一良好行为典范。在《飞跃》（The Flight）中，约翰·威特（John Whit）讲到我们不当地对待生命中重要的人的观点："因为不爱他们，所以才会说闲话；当真心爱别人时，我们就不会批评他们。如果我们爱他们，就不会因其失败而伤心难过。我们不会宣扬所爱的人的罪过，正如不会宣扬自己的罪过一样。"

---

① 作者此处巧妙地在故事中运用谐音"historical"（揭老底）和"hysterical"（歇斯底里），中文也有类似用法。——译者注

承认错误，请求宽恕

芝加哥黑手党首领艾尔·卡彭（Al Capone）曾经说："仁爱话语加一把枪的威力，远远胜过单纯的仁爱话语。"尽管这是一句玩笑话，但我却告诉你：宽恕更好。承认自己的错误并请求原谅可以弥补很多过失。当你发现你拿的是锤子，而没有戴丝绒防护套时，这无疑是扭转危局的绝佳办法。

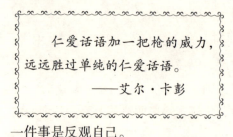

仁爱话语加一把枪的威力，远远胜过单纯的仁爱话语。
——艾尔·卡彭

阅读本章时，某位朋友或者同事可能会出现在你的脑海中，你或许会想，我知道某人需要它。在试图从他手里把锤子拿走之前，稍停片刻：你要做的第一件事是反观自己。

对于大多数整天举着锤子的人来说，问题是他们可能并不知道自己在做什么。 经理人教练马歇尔·戈德史密斯（Marshall Goldsmith）最近的一篇文章讲了一个故事。一个叫麦克的投资银行家，因为他总是挥舞着锤子，所以来向戈德史密斯请求帮助。麦克把自己看做"华尔街的无畏勇士，家中的温顺小猫"。戈德史密斯让麦克打电话给妻子，确认其自我评价是否正确。令麦克吃惊的是，妻子说他在家里也是鲁莽之徒。当孩子们再一次确认了妈妈的评价后，麦克和其他人一样，最终开始检省自己。

戈德史密斯的建议是："让同事拿着镜子，并告诉你他们眼中的你是什么样。如果你不相信，就向你所爱的人和朋友再试一次。"如此一来，你会发现你把他人当人看待还是钉子看待。如果是后者，那么你就需要做出改变了。

讨论问题

1. 在什么情况下，你更想用锤子，而不是丝绒手套？为什么会这样？你能预期这种情况何时发生并加以改变吗？

2. 一些人天生善于总揽全局，另一些人则习惯专注细节。你是哪一类型？如何能提高综合前因后果看待问题的能力？而不是贸然轻率地下结论。

3. 想想哪些人是运用丝绒手套的大师？是什么使其如此善于与人相处？你可以向他学到些什么？

4. 你如何定义"无条件的爱"？是什么阻碍了我们对人施之以"无条件的爱"？一个人如何才能无条件地爱别人，又能够保持自己个人品质和专业上的高标准？

5. 当另一个人向你承认错误并道歉时，你的内心会发生什么变化？这对你们以后的关系有何影响？如果道歉有积极的影响，为什么我们又不情愿去做呢？我们如何克服这种不情愿的心态？

电梯法则

人际关系中，我们既可以提升他人，也可以压低他人

人们既可成为我们的翼下之风，亦可成为船头之锚。

——格罗克·马克斯（Groucho Marx）

扪心自问：在别人看来，我是提升了他们还是压低了他们？

20 世纪 20 年代，医生、咨询顾问兼心理学家乔治·W. 克兰（George W. Crane）开始在芝加哥的西北大学教授社会心理学。虽然刚走上讲台，但对于人性，却有着敏锐的洞察力，他有一种强烈的愿望，要把他对心理学的研究运用到学生们的生活实践中。

他教的第一批学员中，包括夜校生，他们的年龄比全日制大学生偏大。这些青年男女白天在芝加哥的百货公司、办公室以及工厂上班，晚上利用夜校学习、充电。

一天晚上下课后，有个叫洛伊丝的女学员，刚从威斯康星小镇来到芝加哥做公务员，向克兰倾诉自己的孤独和无助："除了办公室的几个女孩，我就不认识什么人了，"她抱怨说，"晚上回到家里，只能给家乡亲友写信。让我活下去的唯一期盼就是收到威斯康星朋友的来信。"

新型俱乐部

针对洛伊丝提出的问题，克兰想出了一个办法。在接下来一周的课堂上，克兰倡议成立一个他所谓的"赞美俱乐部"（Compliment Club），并作为这学期学生的第一个实习作业。

"不管在家里、单位，还是电车里，或者公交车上，每天都要运用心理学，"克兰说，"头一个月，你们的书面作业是'赞美俱乐部'。每天，你都要真诚的向三个不同的人表达赞美之辞。如果愿意，你可以向更多的人说，但作为及格标准，30 天内，你每天至少要赞美 3 个人……"

"30 天的实习结束后，你们需要就这次实习体会写一篇文章或报告，"他继续说道，"内容包括你观察到的周围人们的变化，以及你生活态度的改变。"

一些学生对这次实习很抵触；一些学生则抱怨到时候不知道说什么；另一些人则担心遭到拒绝。很多学员认为，夸赞自己不喜欢的人，会很虚伪。"设想你遇到某个不喜欢的人，还要去赞美他，"一个男学员问，"你不感到虚伪吗？"

"不，赞美敌人并不虚伪，"克兰回答道："赞美是一种对某些事物值得肯定的特性或优点真诚的褒扬。你会发现，没有人一无是处，也没有人十全十美……对于那些已经准备放弃为善的努力的孤独心灵，你的褒扬会鼓舞他们的士气。你永远不知道一句赞美会在哪个关键时刻，把一个男孩或女孩、男人或女人，从沉沦和堕落中拯救出来。"

克兰的学生发现，他们真诚的赞美对周围的人产生了积极的影响，而这种经历对他们自身的影响更大。洛伊丝成了一个能够点燃别人激情的人。而另一个学员，因为摊上一个难以对付的老板，本来已经准备辞去法律助理工作，也尝试赞美老板，虽然在开始时羞于启齿。最终，老板的粗鲁蛮横不但大为收敛，她对老板的憎恶也大大改观，他们相处得日益融洽，并开始真心喜欢对方，最终喜结连理。

今天看来，乔治·克兰的"赞美俱乐部"或许有点"老土"，但它背后的原理却很"现代"，虽然这一切发生在 20 世纪 20 年代。克兰所教授的原理，我称之为"电梯法则"：在人际关系中，我们既可以提升他人，也可以压低他人。他教学生要主动起来。克兰说："世界上最缺乏的是欣赏，人们最渴望赞美。但必须得有人先起头、先开口向同伴说好话。"他很赞成本杰明·富兰克林的观点："正如我们要对每一句废话负责，我们也必须对每次毫无价值的沉默负责。"

你是哪种人？

多年来，心理学家试图把人分为不同的类型。有时候洞察力敏锐的诗人做得更好。埃拉·惠勒·威尔科克斯（Ella Wheeler Wilcox）在他的诗歌《你是哪一个》中就作了这样的分类。

> 今日世界有两种人
> 只此两种，别无他类，我肯定。
>
> 不是圣人也不是恶人，众所周知
> 善中有恶，恶中也有善。
>
> 不是富人也不是穷人，衡量一个人的财富
> 你先要洞察他的良心和健康。
>
> 不是谦卑也不是傲慢，在生命的短暂历程

空负生命，不足为训。

不是快乐也不是忧伤，时光飞逝
既有欢歌也有悲泪。

都不是，我说的世界上两种人，
一种是提升者，一种是压低者。

无论去向何方，你都会发现芸芸众生
被分成这两类人。

令人惊诧，你还会发现，我想，
有一个提升者，就有二十个压低者。

你是哪种人？你是帮
奔波在旅途中，负重的提升者卸下重负，
你还是一个压低者，让别人分担你的辛苦，
为你焦虑，为你忧心。

　　这些都是我们需要扪心自问的问题。因为我们如何回答对我们的人际关系有着至关重要的影响。我认为威尔科克斯是对的。在人际交往中，我们不能为他人增加价值，减轻他人负担，提升他人；就会减损他人价值，只考虑自己，压低他人。更进一步说，我认为，根据我们提升或者压低他人的程度，生活中可分为四类人：

1. 有些人为他人生命增加价值——我们喜欢他们

　　很多人都渴望帮助别人，他们是价值增加者。他们使他人的生活更精彩更欢愉，他们是威尔科克斯所说的提升者。《四福音书》作者 D. L. 慕迪（D. L. Moddy）建议人们：

尽你所能行善

> 尽你所能惠泽每人
>
> 尽可能用一切方式
>
> 尽可能持之以恒

慕迪是一位价值增加者。

价值增加者通常是刻意用心去做的。我认为给别人增加价值需要奉献，而很少是偶然发生的。我就致力于做一个为他人增加价值者。我喜欢与人相处，也乐于帮助人们，成为别人的朋友是我的目标。

最近，一位大公司的 CEO 要我到其公司做一场领导力的讲演。给决策层传授经验，并为经理级主管主持了系列研讨会后，我赢得了他的信任，他想为我做点事表示谢意。

"约翰，我喜欢你为我们做的事情，"一天，我们在他办公室做客时，他说，"现在，我能为你做些什么？"

"什么也不用，"我回答，"您什么也不用为我做。"当然，这家公司已经为我的演讲支付了费用，而我也真的乐在其中。他的员工很聪明，有很强的求知欲。

"哦，您就说吧，"他说，"每个人都有想要的东西，您想要什么？"

"每个人都需要个君子之交淡如水的朋友，那种毫无所求的朋友。"我看着他的眼睛，回答道，"我只想当个君子之交淡如水的朋友。"

> 友情是由乐于倾听的耳朵、善解人意的内心和伸出的援手组成的。
>
> ——弗兰克·泰格尔

他呵呵地笑起来："OK，您就是我君子之交淡如水的朋友。"这正是我所要努力成为的。作家弗兰克·泰格尔（Frank Tyger）说："友情是由乐于倾听的耳朵、善解人意的内心和伸出的援手组成的。"这些正是我努力给予朋友们的。

多年以前，我的外甥特洛伊大学毕业后到一家房地产按揭公司工作，平时住在我们家里。特洛伊很聪明，工作很努力，而且很想成功。我也想帮助他。所以，他刚就职时，我给了他一些建议：

- 早来晚走——比别人期望的多做一点儿。我建议他提前 30 分钟到办公室，午餐时间只用一半，下班后再多留 30 分钟。

- 每天帮周围的人做些事情。我建议他通过为同事增加价值从而为团队增加价值。
- 为老板做些事情。我告诉他约老板谈一次话，让老板知道如果有些额外的事情需要做——无论多么细微琐碎——自己都乐意而为。这意味着要牺牲掉一些业余时间，甚至周末。

我的用意就是教导特洛伊，要他成为价值增加者。特洛伊为周围的人增加价值也增加了公司的价值——所以他很快就被提拔。30 岁生日前，他在公司获得了很高的职位。

2. 有些人为他人生命减损价值——我们容忍他们

在莎士比亚的名剧《凯撒大帝》（*Julius Caesar*）中，二号人物卡修斯断言："作为朋友，应该容忍对方的缺点，但是布鲁图却放大我的缺点。"这就是在减损他人的价值。他们不但不能分担我们的重负，反而加重我们的负担。可悲的是，价值减损者的行为常常是无意识的。**如果你不知道如何增加他人的价值，那你可能在减损他人的价值。**

在社交中，接受是容易的；付出却难得多。这与建设和破坏某物有异曲同工之处。制作一把精巧的椅子要花费熟练工匠很多时间和精力；拆掉一把椅子却是瞬间的事，而且不需要任何技术。

3. 有些人倍增他人的生命价值——我们珍爱他们

只要愿意提升他人并有意识地去行动，任何人都可以成为价值增加者。乔治·克兰就是教学生们去努力这样做的。但**要在社交中再提升一个层次——变成一位价值倍增者——则还需要有意识、策略和技巧**。拥有的才干和资源越多，成为价值倍增者的潜力就越大。

我很幸运，在自己的生命历程中遇到了很多"价值倍增者"，比如托德·邓肯（Todd Duncan）[①]、里克·戈德、汤姆·马林斯，他们都关注我，期待我的成功。他们在各自的领域中都是顶尖人物，都有一颗为

---

① 托德·邓肯：美国《纽约时报》畅销书作家，销售与培训大师，著有《高诚信销售》等畅销书。邓肯最新力作《时间陷阱》已于 2007 年 4 月出版。——译者注

别人服务的心。他们珍视友情，常常新见迭出。他们对追求卓越激情满怀。他们帮助我提升愿景、倍增优势。

在你的生命中，你或许也有一些这样的价值倍增者，他们乐于助你成功，并且运用技巧使你不断进步。如果你能想起那些倍增你生命价值的"贵人"，就放下手头的事情，打电话或者写信给他们，让他们知道他们对你生命的意义有多重要。

4. 一些人倍减他人的生命价值——我们逃离他们

莱图尔诺（R. G. LeTourneau）是多种大型推土机的发明者，他的公司曾经制造过一款型号 G 的铲土机。一天，客户问该公司销售代表 G 是什么意思，像大多数人对待其工作一样，这位销售代表立即站起来，回答道："G 代表流言飞语（Gossip），像整天搬弄是非者一样，这种机器能够快速大量地清除污垢。"

价值倍减者是那些一下子把你推到地狱的人，他们会尽其所能无时无刻不压低你、贬损你。他们就像有位公司总裁交代其人事主管时所言："提高警惕，密切注意公司里那些野心勃勃的年轻人，看有哪个觊觎我的位子——一经发现，立刻让他滚蛋。"

> 作为朋友，应该容忍对方的缺点，而不是放大它们。

不像价值减损者，价值倍减者破坏力极强，他们的负面行为通常是故意的。他们伤害别人，使别人变得糟糕，以衬托出他们看上去更优越，感觉更好。结果是，他们破坏了人际关系，倍减了人们的生命价值。

将人们带到更高层次

我相信，在每个人内心深处——即使那些最负面的人——也想成为提升者。我们每个人都希望对他人的生命产生积极影响，而且我们也能够做到。如果你想提升他人，为他人的生命增加价值，请牢记以下几点：

提升者自我承诺每天都要激励他人

罗马哲学家西尼加（Lucius Annaeus Seneca）观察发现："只要有人的地方，就有机会做善事。"如果你想提升他人，就听从克兰的建议，每天持之以恒地激励他人。

提升者理解害人助人之间的细微差别

超乎你的想象，每天你所做的那些微不足道的小事都会对他人产生很大的影响。一个微笑，而不是皱眉，能够改变别人的一天。一句暖语，胜过冷言，可以激励别人奋进，而不会让人消沉抑郁。

通过每天的所作所为，你掌控着一股力量，可以使他人的生活感觉更好，也可以使人感觉更糟糕。那些你最亲近的人——配偶、孩子和父母——更容易受你的言行的影响。明智地使用这股力量吧。

在消极的环境中，提升者产生积极影响

在积极或者中性的环境中，表现积极是一回事；在消极的环境中采取积极的行动以扭转局面则是另一回事了。这正是提升者努力而为的：有时候需要一句友善的话，有时候需要采取一个服务他人的行动；偶尔则需要创造性。

美国革命家本·富兰克林（Ben Franklin）在自传中讲过在负面情境中通过寻求帮助而建立积极联结的事例。1736 年，富兰克林被提名担任国民大会秘书的职务。只有一位权势人物反对这项提名，他不喜欢富兰克林。

富兰克林写道："听说他的图书馆中有一本珍藏善本，我就给他写了一封信，表示渴望借阅该书，希望他能够惠允。"这位先生因为信中的奉承之语而大为高兴。他借给了富兰克林书，两人也成为了终生的朋友。

提升者明白生活不是彩排

我很喜欢一句话："**虽然只此一回，但我仍期望经历人生。为世间众生，尽我所能行善，尽我所能播洒仁爱。当下行动，不要拖延，不要错过，因为人生不能重来。**"希望提升他人者不要明日复明日，或者非要等到"黄道吉日"再去帮助他人。要立刻行动！

　　每个人都能成为提升者。你不需要有钱，也不需要是个天才，更不需要万事齐备，你只需要关心他人，付诸行动。在人生的旅途中，不要任由时光流逝，而于人无益。现在就开始去做，你既有的关系会得到改善，而更多的新关系也会得以拓展。

讨论问题

1. 不去有意识地为他人增加价值，是否就会自然而然变成一个价值减损者？为什么？价值增加者和价值减损者之间的区别是什么？请解释。

2. 为什么有人会成为价值倍减者？他们和其他人之间是否有不可化解的矛盾？（乔治·赫伯特说："不能原谅他人，等于给自己拆桥。"）成为价值倍减者，是永远不变的选择吗？在单位和家庭中，哪些行为会被看做价值倍减者所为？未来生活中，如何避免这些行为？

3. 微不足道的行为，可能轻易地提升或者压低他人，你是否同意这一观点？小事情如何影响孩子？父母们对提升孩子、使其不断进步应负有什么责任？请解释。如果你已为人父母，你是经常鼓励孩子，还是训诫他们？如果你的改变对孩子有益，你将做哪些改善？

4. 如果不通过话语，如何提升或压低他人？通过面部表情，如何使人振奋或者气馁？你如何形容自己的面部表情？别人又如何形容你的面部表情？你如何使其变得更阳光更积极？

5. 价值增加者和价值倍增者区别何在？你能成为价值倍增者吗？请解释。你如何倍增他人的生命价值？要成为更好的价值倍增者，你要怎样做？

　　在进入第二部分之前，让我们再回顾一下这些"准备"阶段的人际法则：

　　透镜法则：我们是怎样的人，决定了我们如何看待他人。

　　镜子法则：正人先正己。

　　痛苦法则：有受害者心理的人会伤害他人，也容易被伤害。

　　锤子法则：千万别用铁锤拍打别人头上的苍蝇。

　　电梯法则：人际关系中，我们既可以提升他人，也可以压低他人。

联结问题

我们乐意关注他人吗？

朋友都是由陌生人变来的。

——卡伦·海托华

人类都有与别人接触联结的欲望。不管你年轻还是年长、内向还是外向、富裕还是贫穷、学问渊博还是无知贫乏，都是这样。对爱的渴望常常激发出你的联结需要，但是，若你感觉孤独、想被人接受、希望内心充实或是想在商业上成功，也会很容易地促使你去跟人建立联结。

我们如何获得自身渴望的人际关系呢？哪种方式是最好的开端？换句话说，我们如何跟别人联结上？答案是我们必须停止只看自己，转而去关注那些想与之交往的人。基于此，"联结问题"首先问到"我们乐意关注他人吗？"

要想增加与别人建立起联结的几率，你需要理解和掌握下面6条人际关系法则：

全景法则：全世界的人，都是由别人组成的——你一个除外。

交换法则：与其平等待人，不如站在他们的处境上设身处地为人着想。

学习法则：我们遇到的每个人，都有可能在某一方面给我们教诲。

魅力法则：人们只对向自己表示兴趣的人感兴趣。

满分法则：相信别人最好的一面，往往会激发出他最好的一面。

冲突法则：关心别人先于反对别人。

当你不再只盯着自己，而开始关注他人及其需要时，你就建立了人际的桥梁，你就会成为那种别人想靠近的人。上述法则，是建立联结的关键。

全景法则

全世界的人，都是由
别人组成的——你一个除外

一个人跳出自己时，生命才真正开始。

——阿尔伯特·爱因斯坦

扣心自问：我是不是很难做到"以人为先"？

什么能够改变人们的视野，让其平生第一次看到"全景"呢？有时候是结婚，有时候是离婚或者是生孩子。关键点在于要让人们明白，不能再一切"唯我独尊"了。

读出背后的意义

最近，我读了一篇关于女演员安吉丽娜·朱莉的文章，促使她改变观点的是一个剧本。1999 年，朱莉因在《移魂女郎》里表演出色而荣获奥斯卡奖，本可以顺其自然地做一辈子封面女郎。朱莉的父母乔恩·沃伊特和玛奇琳·伯特兰都是演员，她在好莱坞长大，从小就沉溺于那里的奢侈和虚荣。她的外号叫"野孩子"，其吸毒、行为放纵和自虐是出了名的，所以她深信自己年纪轻轻就会死掉。

"我一度漫无目标，觉得自己一无是处，"朱莉说道，"我想很多人都有这种感觉——想自杀、吸毒或麻醉自己，因为你不能一死了之而感觉又真的糟糕，你也不知道那种感觉是从何而来。"

荧幕上的成功并没帮她摆脱阴霾。"我觉得自己一直心理失衡，"朱莉坦言，"我记得生命中最难过的一段时间是在成功之后，经济上稳定了，感情上也顺利，可是我想，'我拥有了一切，他们说你应该高兴，可我并不高兴'。"

此后，她读了《烽火惊情》的剧本，讲述的是一个上流社会女人看到了全球难民和孤儿的悲惨境遇。朱莉回忆道："我内心的某种东西让我真想弄明白这部电影到底讲的是什么，所有世界各地的人，所有失去家园的人以及战争、饥饿和难民。"她用一年时间，跟联合国工作人员走遍世界。她说道："我上了平生最伟大的一堂课，整个人都脱胎换骨了。"她去过位于塞拉利昂、坦桑尼亚、科特迪瓦、柬埔寨、巴基斯坦、纳米比亚和泰国的难民营。她的视野完全变了。她认识到整个世界是由他人组成的，许多人的处境极端可怕，许多人需要她的帮助。

当联合国难民事务高级专员邀请她担任 2001 年的亲善大使时，她很高兴地答应了。她还开始捐钱来帮助那些难民和孤儿，其中包括捐给联合国难民计划的 300 万美元。（她说，演电影让她赚到"大量愚蠢的钱"。）她还收养了一个柬埔寨孤儿，名叫马多克斯。最近，《价值》杂志把她列入"全球最具影响力的 25 位慈善家"。她估计自己把收入的近 1/3 都捐给了慈善事业。

从此刻起，一切皆有不同

谈到社交时，一切要从为人而不是为己考虑做起。这是建立关系时最基本的法则。我知道，这听起来像常识，可是，并不是人人都能看到全景或是做到慷慨无私。相反，很多人的行为都跟两三岁小孩似的，他们的视野可以用电子邮件中发来发去的内容来表述：

> 如果我喜欢，它就是我的。
>
> 如果我能从你那里夺走，它就是我的。
>
> 如果我刚刚儿玩过，它就是我的。
>
> 如果我说它是我的，它就是我的。
>
> 如果它看起来像我的，它就是我的。
>
> 如果我先看到它，它就是我的。
>
> 如果你跟它玩得很快乐，它一定就是我的。
>
> 如果你把它放下了，它就是我的。
>
> 如果它被打碎了，它就是你的。

那些唯我独尊、自私自利的人总是很难同别人处好。要想帮助其打破这种定式，就得让他们看到全景，这需要做到以下 3 点：

1. 打开视野

眼界狭窄的人，就好比查尔斯·舒瓦茨的连环漫画《史努比》中的露茜。有一集，露茜在操场上转悠，查利·布朗读给她听："书上说，地球一年围绕太阳转一周。"

露茜猛然停住了，说道："地球围绕太阳转？你肯定吗？我觉得它是围着我转的！"

当然，视野狭隘通常比这更微妙。在我身上就是如此。在牧师生涯的早期，我领导别人时，总是不停地问自己："这些人能帮我什么？"我想利用别人来帮我达到目标。几年后我才认识到所有的做法都是适得其反，我应该始终问自己："我怎么才能帮助他们？"我做到这一点后，不仅助了他们一臂之力，自身也很受益。我明白了作家兼管理专家威廉·B. 吉文所说的："当你自私地只盯住自己的利益时，只有你一个人努力。当你帮助一打人解决问题时，就有一打人和你一起努力。"

大多数时候，我们担心的事情只是整个大局微不足道的一小点。多年前，南加州大学被圣母大学以 51∶0 打得落花流水，前头号橄榄球教练约翰·麦凯想帮助队员们振作起来。他走进休息室，看见了一群挫败、疲惫、垂头丧气的年轻队员——他们还不习惯失败。他站到长凳上，说道："伙伴们，想想这个：还有 8 亿中国人根本不知道打过这场比赛呢！"

全世界的人，都是由别人组成的——你一个除外。地球上的绝大多数人并不认识你，将来也不会。你认识的绝大多数人可能有更大的需求和问题。你可以选择漠视他们，只关注自己；或者是跳出自己，学会先考虑他人。

2. 心智成熟

我写这本书时，孙女汉娜和梅蒂刚 3 岁。我刚陪她们度过一个愉快的感恩节，看她们玩耍、听她们指挥真是莫大的享受。可是，我得说一点：在我们待在一起的时间里，她们从来没有问过"爷爷，需要我帮忙吗？" 3 岁的孩子可以这么做，30 岁的大人可就不应该了。

我们常常期待随着年龄的增长，人会慢慢成熟，可现实是：岁月流逝我们仍旧如此。除非有意识地去抵抗，否则，"抓紧时间——我可能会去干"这种态度会持续一辈子。

几年前，作家兼顾问鲍伯·布福德写过一本非常好的书，叫做《人生下半场》。主题是当逼近中年时，许多人感到惴惴不安，因为他们想让生命更有意义。他把这一阶段定义为"中场"。他说，**多数人想在人生下半场做的还是他们在上半场已经做过的事——只会做得更多**。相反，让人生下半场成功的关键是盘点过去、抓住自身强项，并把奉献他人作为目标。

下面是鲍伯描绘的人们在人生中场之前和之后的态度变化：

前半场的自我是狭隘的，后半场的自我是广阔的。前半场的自我向内旋转，把自己绑得愈来愈紧；后半场的自我向外旋转，把自己从弹簧紧绕的僵固中释放出来。

狭隘的自我只容纳你一人。总体上讲，它疏远别人、独来独往，并带有病态的个人主义。广阔的自我是宏大的，因为它含有一份超脱。自我超脱会让你大步流星：到达远方并完成人生的赛程。

鲍伯描述的是真正的心智成熟，他了解到这个世界并不是围绕着你转，心智成熟意味着有能力去看到"全景"。

3. 勇于负责

你可能已经注意到，婚姻会放大一个责任心不足者的不负责。未婚无子女者比那些已婚或已为人父母者有更多的自由。所有想走进围城后还能保持单身贵族时自由的人，将会把婚姻置于风口浪尖上。要想婚姻美满，夫妻双方都得负起责任。当两人都不再责问"我的丈夫（妻子）能为我做什么？"转而去负责地问"我能为他（她）做什么？"时，婚姻关系就成熟了。

领导力也对人提出类似的要求。首次担负起领导责任展示了一个人的成熟度和责任感。不负责的领导人持"我老大"的态度，用职权谋私利。负责的领导人持"别人先来"的态度，用职权来为他人服务，担起责任，为别人做出表率，把功劳记在他人身上并增进和改善关系。好的领导者明白，要想让团队成功，必须把别人置于优先位置。

睁开眼睛，正视全景

如果你想看到全景，做到"以人为先"，就要做到以下几点：

走出你的"小世界"

我在俄亥俄州长大，对外界了解并不多，所以我青年时期眼界相当狭窄。我曾认为，任何人不管环境如何，只要努力，就能出人头地。后来，我去了一趟发展中国家，看到比我努力得多的人，但他们丝毫无望摆脱贫穷。那时，我的想法开始改变了，因为我的视野扩大了。

人们要想改变关注点，就需要从自己的小世界里跳出来。如果你认识人不多，可以踏上从未涉足的土地，认识陌生人，做从未做过的事。这会改变你的视野，就像曾经改变了我一样。

进门时检查一下你的"自我"

你有没有花很多时间跟那些极端自负的人交谈？好的一面是他们从来不对别人评头论足。（可能是他们谈话时只沉浸在"我我我"里面了！）不好的一面是，若你不想听他们的事，很快就会厌烦得要死。

> 自我主义者不是为自己考虑过多，而是为别人考虑太少。

自我主义者不是为自己考虑过多，而是为别人考虑太少，这样形容比较贴切。

我们常常误以为爱的反面是恨，我觉得不对。**爱的反面是自私自利。如果你关注的始终是自己，你就永远无法建立起积极良好的关系。**

明白是什么带来满足感

说到底，能够带来满足感的东西总会涉及他人。一个彻头彻尾自私自利的人，永远得不到安宁而且不知满足。

废奴改革家亨利·沃德·比彻说过："没有比自私自利更自欺欺人的了。"这是因为他把自己与生命中最重要的东西——人们——隔绝开来。

如果你想拥有充实的人生，就得有健康的人际关系。要想建立起这种关系，就需要超越自己。拥抱全景法则吧，并提醒自己：全世界的人——除了你一个——都是由别人组成的。

讨论问题

1. 在人生的哪个阶段，人们开始学会为人考虑？哪些事情常常促使人们把别人放在第一位？若一个人不去刻意学习为人考虑，将会发生什么情况？那些把注意力、时间和精力都花在自己身上的人（甚至到了晚年还这么干），会出现什么情况？

2. 极端自负者和十分自信者最大的区别是什么？为什么不应该太自负？为什么要有自信？你认为自负和缺乏自信之间有联系吗？请解释。

3. 描述一下你的旅行经历。你去的哪些地方跟你所处的环境很相似？你去过那些文化截然不同的地方吗？哪些具体的目的地让你觉得最不舒服，为什么？你从旅行中学到东西了吗？将来你想去哪里，为什么？

4. 你怎么定义"满足感"？一个没有良好人际关系的人会感到满足吗？解释你的观点。这种观点如何影响你建立关系时所投入的努力大小？

5. 想想你生命中最重要的关系。你总是在其中表现出相应的成熟和责任心吗？如果不是，你该如何做去改善这种情况？你应该做出哪些改变，以在未来有恰当的表现？

交换法则

与其平等待人，不如站在他们的处境上设身处地为人着想

你对别人多一分关注，自己就会少一分私心。

扪心自问：我会试着从别人的角度看问题吗？

自 1996 年以来，我通过自己创立的非营利机构 EQUIP，向全世界基督教领导人教授领导力方面的课程。这是我最大的快乐之一，我相信，这些成就也将是我留给世人的最大遗产。在 EQUIP 工作的每个人都很努力，以期实现到 2008 年发掘和培养 100 万领导者的任务。

我的讯息传播得较好的一个地方就是菲律宾。我初来乍到时，基本上只给菲律宾的牧师和其他基督教领导人授课。可是，我的书和材料传出教会的圈子，进入商业领域。这并不让我惊讶，因为类似之事已在美国和几个非洲国家遇到过了。让我吃惊的是，菲律宾政府开始对我的领导力教学感兴趣了。

该国的内政部秘书联系上我，说政府想给全菲律宾的市长每人一套《领导力 21 法则》。稍后，他又告知我他们还想给镇一级的委员们每人发一套。真不好意思去想，我的思想竟会被这么多有影响力的人分享，于是我很高兴地同意了。

与总统会晤

2003 年 1 月，我受邀去见菲律宾总统格洛丽亚·马可帕加尔·阿罗约。这真是一大荣幸。我发现总统本人很干练、很热情、很智慧。（她是经济学博士。）我们探讨了领导力方面的问题，让我既惊又喜的是，她拿出一本读得很破的《领导力 21 法则》。她告诉我，她用这本书来指导内阁。她问了我一些领导力方面的问题，又和我讨论了书中的各种观点。这真是一次让人愉悦的经历。

会晤时间将到，我决定跟她谈谈让我震撼的一些东西。我在全世界旅行时注意到，在发展中国家，许多领导人都是在利用人们。当权者利用无权者。独裁统治的国家，情况尤其糟糕，但哪儿都一样，各级领导机关都存在这个问题：国家越穷，滥用职权的现象就越严重。

我向总统表达了自己的观点，说我看到许多领导人都利用职位来谋取私利，而非为人民造福。我又补充说："您看起来是那种期望为人民造福的领袖。"

"噢，是的。"她答道，"我唯一的目标就是帮助我的同胞们。我正在考虑只干这一届，这样就能从政治中脱出身来，有时间服务社会。"从我亲眼所见和报上所闻看来，她是在为民谋利，而且干得很好。

观点的力量

　　成功可以带来许多东西：职位、特权、名声、财富。但是，不管带来什么，与之相随的是会有更多的选择权。该权力的运用会暴露我们的本性。富人可用手中的资源帮助别人或只顾自己享受。名人可用其名气来为做别人的楷模或只为自己谋利。领导者可用权力做出对人有益或有害的决定。一切取决于他们。

　　事情的核心在于：人们是乐意运用权力把别人放在自己的位置上还是把自己放在别人的位置上。我相信阿罗约总统力图从人民的角度看问题，并做出相应举措。

　　教育家和农业化学家乔治·华盛顿·卡维一语惊人："人生能走多远，取决于你是否呵护少者，关心老者，同情苦苦挣扎者并接受弱者及强者。因为在生命的某一天，你会经历所有这一切。"我们对待别人的方式取决于我们对他们所持的观点。问题是：不是每个人都能天生从别人的角度看问题。下面就是我发现的有关"交换法则"的一些真相：

我们原本不从同一个角度看待自己和别人

　　进入美国国家棒球名人堂（National Baseball Hall of Fame）的汉克·格林伯格先是在底特律的猛虎队打球，后来到克利夫兰的印第安队当总队长。一次休赛期，他把合同给每位队员签字。几周后，一份没签的合同又回到格林伯格手中。他给那个队员发了一封电报："你光急着接受条件，可是忘签名了。"次日，一封电报回来，上面写着："你光急着提拔我，可是填错数字了。"

　　我们从不把自己和别人一样看待。人们本能地按照自己的意愿来看待自己，可是根据别人的行为来衡量他人或者像诗人亨利·沃兹渥斯·朗费罗所说的那样："我们根据自己'感觉'能做的事来评判自己；而别人，根据我们'已经'做过的事来评判我们。"

　　我们本能地用最积极的眼光看待自己。只要我们对自己很真诚，这是没问题的。但是，我们也需要给别人同样的肯定。

我们不能从别人的角度看问题时，关系便会受损

　　在关系中，多数冲突都源自我们不能从别人的角度看问题，下面的

笑话很好地说明了这一点：

> 一个男人乘坐热气球，突然意识到自己迷路了。他就降下高度，看到下面的一个女人。他又下降了一点点，大声喊道："打扰一下，你能帮个忙吗？我答应1个小时前跟朋友见面，可现在不知道自己到哪儿了。"下面的女人回答道："你在热气球里，在距地面30英尺处盘旋。你正处于北纬40度到41度、西经59度到60度之间。"
>
> "你肯定是个工程师。"乘气球的男人道。
>
> "我是。"女人回答，"你怎么知道的？"
>
> "告诉你吧，"男人道，"你告诉我的在技术上都是正确的，但是我不知道如何利用你的信息，实际上我还在迷路。坦白说吧，你一点忙都没帮上。若有，那就是耽误了我的行程。"
>
> 下面的女人喊："回来！你肯定是做管理的。"
>
> "是的。"男人道，"你怎么知道的？"
>
> "告诉你吧，"女人说，"你不知道你在哪里或将要往哪里去。你是靠着大量的热空气才升到这个高度的。你做出许诺，可根本不知如何去兑现，你还期望下面的人去解决你的问题。实际上，你还是在遇到我之前的那个位置，可现在，你竟想把过错都推到我头上。"

你是否经常发现跟别人起冲突，是因为两人看问题的方式不一致？好好想一想。如果你已婚，是不是因为男人和女人看问题的方式原本不一致，而总面临着潜在的冲突？即使是在一个非常积极向上的工作环境里，人们也不会在所有问题上都一致。（只要记住这一点：在跟老板争论之前，好好地审视双方——他那一方和外围一方。）然而，严肃地说，我相信，如果人们都花心思从别人的角度去看问题，关系中80%的冲突都会自动消失。

学会从别人的角度看问题，会帮助我们获得成功的关系

我在销售杂志上读到这么一句话："如果你想卖东西给约翰·史密斯，就必须用约翰·史密斯的眼光去看他想要什么。"概念如此简单，让我们都觉得太浅显了。但是，许多人并不将其用于实践。他们忙着把别人放在自己的角度上，没花一点心思去把自己放到别人的位置上。

如何进行交换

如何更好地进行"交换"，站在别人的角度上看问题呢？要从以下4点做起：

1. 离开"你的地盘"，踏上"他们的领地"

要想不踩到别人的脚趾，最好的办法是把你的脚放进他们的鞋子里。20 世纪30 年代，美国飞行（American Airways）公司［后来改名为美国航空（American Airlines）公司］不断收到乘客的投诉：老是丢行李。当时的总经理拉莫特·科恩设法让区域经理们来解决这一难题，但进展不大。最终，他想到一个好主意，让航空公司的职员们从乘客的角度看问题。科恩把全国的区域经理召到总部来开会，接着，他"确保"每位经理的行李都在运送中丢失。随后，整个航空公司对这一问题突然有了很大改观。

> 随后，整个航空公司对这一问题突然有了很大改观。

你如何把自己放在别人的位置上呢？销售大师阿特·莫特尔提供了自己的见解：

> 我喜欢下象棋。每次输了后，总是起身站到对手的后面，从他的那边去看棋局。然后，就会发现自己走的"臭棋"——因为我是从他的角度去看。销售人员的挑战，就是要站在潜在顾客的角度上来看问题。

尽己所能来改变自己的臆断，聆听他人关心的问题，研究他们的文化或行业，阅读他们感兴趣的东西，或者是真正地参观他们的"领地"——他们的家、办公室、街区或所在地。你可能会对这引发的思想改变很吃惊。你也可能发现，正如哈里·杜鲁门总统所发现的："当我们明白了他人的观点……他想做的事……十有九次他是对的。"

2. 承认别人的观点也很在理

人们的信念和经历各不相同且很复杂。即使你真的从别人的角度看问题，还会有观点上的分歧，这没什么大不了的。我的观点不能因为是"我的"就是正确的。如果我努力去发现别人观点的合理性，就会延展我的思考。这正如奥利弗·温德尔·霍尔默斯法官所说："一旦心胸容纳进新的想法，它就不会再缩回到原来的尺寸。"

3. 检查自己的态度

谈到从别人的角度看问题时，态度至关重要。若不是你特别关心的问题，容易从两方面去看。可是，跟你有既定利益的问题，要这样做可就难了。发生这种情况时，你常常更关心自己的出路，而不是找办法与别人建立起联结。问题的核心是你是否乐意改变：当你不想改变时，会寻找与别人的不同点；当你想改变时，会寻找与别人的共同点。

4. 询问别人在你的处境上会怎么办

"交换法则"的关键是同心感。当你对别人的立场有同心感，就更容易跟他们建立联结。为什么呢？因为他们知道你很关心。做到这一点最简单的方法通常是开口去问。

我读过一个令人啼笑皆非的故事，讲述如果我们不去做询问之类的简单事情，将会发生什么。

三个儿子离家去寻找财富，各人都干得很好。一天，互不服气的三兄弟聚到一起，讨论他们赠给老母亲的礼物。

老大说："我给妈妈建了一所大房子。"

老二说："我送了她一辆梅赛德斯，外配司机。"

"你俩都不如我。"老三说，"你们知道妈妈最爱读《圣经》，可她的眼神不太好使。我送了她一只可以背下整本《圣经》的褐鹦鹉。庙里的20个和尚花了12年工夫才把它训练出来。我答应连续10年每年给庙里10万美元，让他们去教这只鹦鹉。代价很高，但很值得。妈妈只要说出章节和诗篇的名字，鹦鹉就会张口背诵。"

不久以后，母亲寄出了感谢信。在给大儿子的信里，她写道："米尔顿，你建的房子太大了，我只住一间，可得打扫整个房子。"

对二儿子，她写道："马蒂，我已经老得走不动了。由于成天待在家里，那辆梅赛德斯根本就没用，而且那个司机也很粗鲁。"

对第三个儿子，她的语气柔和了很多："梅尔文，我的小亲亲，你是唯一了解妈妈喜好的孩子。你送来的那只小鸡味道很好。"

如果你把自己放到别人的位置上而非把别人放到他们自己的位置上，你就会改变看待生活的方式，你的人生也会改变。作家兼演说家丹·克拉克回忆起当他还是个少年时，有一次跟父亲排队买票去看马戏。在等待中，他们注意到排在前面的那一家人：父母手挽着手，紧跟着的是 8 个孩子——他们举止乖巧，年龄都应该不足 12 岁。从他们干净简朴的衣着来看，克拉克猜测他们没有多少钱。孩子们唧唧喳喳地讨论着即将看到的激动表演，让人觉得马戏演出肯定会让他们兴奋异常。

当夫妇俩走近柜台时，售票员问他们要多少张票。男人自豪地说："请给我来 8 张儿童票，两张成人票，我们全家都得看马戏。"

当售票员报出价格时，妻子松开了抓住丈夫的手，她的头垂了下去。男人的身体靠近一些，问道："你说是多少？"售票员再次报出价。显然，这个男人的钱不够，他一下子就蔫了。

克拉克说，他的父亲看到这些，把手伸进衣袋里，拿出一张 20 美元的钞票，让它掉到地面上。然后，父亲弯下腰来，捡起钞票，拍拍那男人的肩膀，说："打扰了，先生，这个从你口袋里掉出来了。"

男人马上知道了是怎么回事。他直直地看着克拉克父亲，握住他的手，使劲摇，同时泪水夺眶而出，嘴里说："谢谢，谢谢你，先生。这对我和全家意义重大。"

克拉克和父亲回到车里，驱车回家了。当晚，他们没有足够的钱去看马戏，可这并不要紧。因为他们把自己放到别人的位置上，做了更重要的事情。

讨论问题

1. 当人们去国外旅行或身处异域文化中时，会发生什么积极的事情，从而影响他们对别人的看法？他们可能有什么样的变化？脑袋里已有的偏见如何影响这些积极的变化？

2. 什么情况阻碍了人们"跳出自己"，从别人的角度看问题？你面临着什么样的障碍？过去，你采取过哪些措施去克服它们？将来，你会怎么做，以提升自己站在别人角度上看问题的能力？

3. 总体上，你如何描述自己对人的态度？你是自动地认为别人的做法有理，还是总认为自己是对的？请做出解释。如果你需要对别人的做法有更多的肯定，如何才能做到？

4. 如果某人总是用自己的角度来论断别人，会对他的人际关系有什么影响？如何修复因此而受损伤的关系？

5. 你是否擅长关注别人？你是否经常咨询别人对某一问题的观点？你是否经常问别人想要什么？大多数时候，你是只关注自己的意图，还是把从别人的角度上看问题放到生命中很重要的位置？与你关系亲密的人同意你的评判吗？

学习法则

我们遇到的每个人，都有可能在某一方面给我们教诲

有一些人，如果他们不懂，你可不能告诉他们。

——路易斯·阿姆斯特朗

扪心自问：我跟别人接触时，有向其学习的渴望吗？

看到他，你可能就会记起。他是一位非常著名的性格演员，演过几十部电影，出现在无数的电视节目上。在《乖仔也疯狂》里，他扮演拉皮条的吉多；在《亡命天涯》中，他是汤米·李·琼斯的同伙；在《黑客帝国》中，他把叛徒西普演得活灵活现；在《黑道家族》里，他摇身一变为拉尔菲。朋友们都称他为乔伊·潘兹，他的真名是乔·潘托里亚诺。

乔出生成长在新泽西州的霍伯肯，那地方很糟。他说他的偶像是当地的"聪明人"——跟黑手党干活的匪徒。他的父母四处搬家，两个都是赌徒，总是付不起账。在乔9—10岁的时候，母亲靠赌赛马来赚钱，要乔当她的小跑腿。乔伊·潘兹的生命，注定要迈向罪恶的深渊。

家里的"聪明人"

乔13岁时，远房亲戚弗洛里奥·伊沙贝拉出狱了，搬到他家里来，阻止了他的这种被诅咒的命运。弗洛瑞（人们这样称弗洛里奥）是一个职业惯犯。当他还是一个小男孩，居住在纽约的小意大利区时，就帮父母递送在单间公寓里制造的海洛因。到12岁时，他就销售毒品了。他在监狱里度过了21年光阴。除了贩毒外，他还犯过武装抢劫和其他严重罪行，包括抢劫霍伯肯渡船。

乔回忆道："他很快就违背了出狱时的誓言，跟一个叫'天堂兄弟'的黑帮混在一起，干起了老行当。我记得他搞到过5万美元的现金。"但是，当"天堂兄弟"的一个成员被同伙处死后，弗洛瑞开始思索了。弗洛瑞面前的岔路口也成了乔面前的岔路口，虽然他当时并不知道。弗洛瑞可以在犯罪时带着乔打掩护，这是许多人走上犯罪道路的开始。但是，这个老匪徒没这么干。乔回忆道："他总是说，'我一生步步走错。你不能再这样。'他是唯一相信我，鼓励我去追逐梦想的人。"

乔的梦想是当演员。但是，当他鼓起勇气跟人说时，朋友和家人都嘲笑他。"你以为你是谁？"母亲说，"你想当演员？像我们这号人成不了演员。咱这号人别想进大学。咱这号人也别想成功。乔，你可别打破这个老套。"

但是弗洛瑞——他生命中最"另类"的人——告诉他不要跟家人和从小长大的朋友同流合污。弗洛瑞帮他联系了第一位表演老师。当乔准备离开家搬到纽约时，弗洛瑞不仅鼓励他，还给他钱。当乔在自己扮演的第一部电影《大时代》里当临时演员时，弗洛瑞又开车送他去。更重要的是，弗洛瑞让他远离犯罪生涯——在他当演员打拼的头 7 年，干那个可是来钱很快的。"如果没有弗洛里奥·伊沙贝拉，我的再生父亲，我的名誉继父，我母亲的三堂兄，我及时地登上舞台，"乔说，"我的最终归宿会是纽约的阿提卡。"意即<u>监狱</u>。

"最终，"乔说道，"我面前摆着的现实是，那个在生命中帮我坚持信念的人犯下了滔天罪行。在某种程度上，弗洛瑞被认为是一个可怕的人，他可能想通过运用无条件的爱帮助我鼓起勇气，取得成功，来纠正自己以往的做法。他是我有生以来认识的最好的'聪明人'。"

你持什么态度

事实上我们所有人跟乔·潘托里亚诺一样，可以从看起来最不恰当的地方、最不合适的人身上学到东西。人人都有东西可同我们分享，给我们教诲。但是，只有我们态度端正，才会变成现实。

谈到向别人学习时，你持何种态度？所有人都可以归入下面几类之一：

1. 没有人能教给我任何东西——傲慢的态度

我认为，我们常常把愚昧无知看成"可教"的大敌。然而，它跟可不可教没有什么关系。你是不是一些受过高等教育、取得辉煌成功的人，不想再听取别人的建议或观点？有些人认为自己无所不知！一个成功创立起大型公司的老板，可能觉得自己不需要向那些经营小公司的人学习。一个拿到博士学位者，可能容不下任何人的指导，因为他现在被认为是专家了。另外公司或部门里的资深员工，可能就听不进年轻小辈的想法。

这样的人没有意识到这对自己伤害有多大。事实上，没有人老得、聪明得或成功得不需要学习新东西了。阻碍一个人学习并提高自己的唯一因素就是态度不端正。

2. 某个人会教给我所有东西——天真的态度

意识到自己还有成长空间的人常常会寻找一位导师。多数时候，这是好事。然而，若一个人认为自己能从某个人身上学到所需的一切，那就未免太天真了。**人们不只需要一个导师——他们需要好多个**。勒·斯托比教我写作，我的兄弟拉里在商业方面指导我，我还从安迪·斯坦利那里学到许多沟通的办法，汤姆·马林斯是我在人际关系方面学习的典范。如果我想把多年来教过我的人全列出来，那会写上许多页纸。

3. 每个人都可以教给我一些东西——可教的态度

学到东西最多的人并不是跟最聪明的人待在一起的人。他们是最"虚心可教"的人。人人都有可以分享的东西——一堂课、某项观察、一次经历等。我们只需要乐意倾听。实际上，人们常在无意识中教给我们东西。询问任何一对父母，你会发现他们从孩子那里学到的东西——即便孩子还在襁褓中，一句话也不会说。人们唯一无法教给我们东西的时刻，就是我们不想学的时候。

我并不是说你遇到的每个人都会教给你东西。我说的是人人都具有这样的潜力——如果你给他们条件的话。

如何向别人学习

如果你有"虚心可教"的态度——或者是你打算培养这种态度——你就处在了向别人学习的有利位置。然后，你需要做的是下面5个步骤：

1. 让自己充满学习热情

管理专家菲利普·B. 克罗斯比说："人类行为有一理论，说的是人们潜意识地阻碍了自己智慧的增长，变得依赖陈旧做法和习惯。一旦达到个人对外界的舒适期，人们就停止学习了，剩下的日子脑袋空闲着。他们有可能在职位上提升，人也充满抱负、野心勃勃，甚至还可能是没日没夜地工作。但是，他们再也学不到东西了。"

　　那些爬到梦寐以求的位置、达到机构的预定目标或拿到苦苦奋斗得来的学位的人，通常会出现这些问题。在他们的心里，他们达到了目的。他们觉得舒服了。

　　如果你想不断成长，就不能安安分分地待在舒适区里。你需要把学习定为自己的目标。这样做，你在心智上永远不会枯竭，做事的动力也会很强。不要担心没人来教你。希腊哲学家柏拉图说过一句话："学生们准备好了，老师自会出现。"

2. 看重别人

　　1976 年，我已经从业 7 年，觉得自己是成功的。那时，教堂通常以主日学校办得如何来评判其好坏，我主持的教堂的该项服务在俄亥俄州增长最快。截至那时，我所在的教堂已发展成所在教区最大的一个了。但我还想学习。那一年，我报名参加了一次会议。我很想听 3 位发言者的演讲，他们都比我年长、成功和富有经验。

　　会议期间，有一部分时间安排的是经验交流，人人都有发言权。我认为这是在浪费时间，就想溜号，但好奇心促使我留在了那里。交流真是让我大开眼界。人人争着讲出自己机构里的妙招，我坐在那儿飞速地写着，把经验记下来。事实证明，我在这一阶段学到的，比在整个会议其他时段加起来学到的还要多。

　　这让我很震惊，后来我明白了为什么。在会议前，我认为只有年长的成功者才能教给我东西。我走进会议室，对与会的其他人没予以重视。这种态度是错误的。**人们无法从自己不看重的人身上学到东西**。从那天起，我改变了自己的想法。

3. 培养具有成长潜力的关系

　　每个人都有一些东西可以教给我们，这是真的；但是，这并不意味着每个人都可以教给我们想学的一切。我们需要找到那些特别喜欢帮助我们成长的人——我们所在领域的专家，能拓展我们思维的创意思想家，鼓励我们迈向更高层次的成功人士。学习常常是与非凡人士待在一起的回报，他们以及他们的知识，会对我们产生影响。正如《让兔子去跑，别教猪唱歌》一书的作者唐纳德·克利夫顿和保拉·纳尔逊所说：

"人际交往会帮我们明白自己是谁，将来有何成就。"

4. 认清别人的特性和强项

哲学诗人爱默生说："我遇到过的每一个人，一定在某方面比我优秀。"人们在自己最具优势的领域做得最好——能够从别人最具优势的领域学到最多。基于此，你就不能在选择老师时不分青红皂白一起来。

在 20 世纪 70 年代中期，我选出全美最顶尖的 10 名教会领导人，设法约他们共进午餐。为此，我甚至开出 1 小时 100 美元的价——当时，这是我半周的薪水。有些人乐意跟我见面，另一些人则不想见。我非常感激那些同意见我的人。

当时，我跟妻子并没有多少钱，这些领导人又分别住在全国各地，所以，几年来，我们就利用假期去拜望他们。为什么我愿意走这么远的路去见这些人呢？因为我如饥似渴地想学到他们的专长和强项。这些会面大大地改变了我的人生。你知道吗？跟大人物保持联系一直贯穿着我的生命。每个月，我都会设法跟自己尊敬并且想从他那里学到东西的人见面。

5. 不耻下问

大学第一年，我在俄亥俄州塞克维亚的一家冷库里干兼职。在那里，牛被屠宰，肉被放进庞然大物般的冰柜里。我的工作是把新处理好的肉运进冷藏区，然后替顾客拿出订购的冻肉。

我每次遇到新问题——这儿对我也是一个新领域——总是想把它搞懂。搞懂的最好办法是观察和询问。我干了大约两周，彭斯——在这儿干了多年的老头儿——把我拉到一边，说："孩子，我告诉你，你问得太多了。我在这儿都干了半辈子了。我杀牛。这就是我的活——将来也只干这个。你会的越多，他们就越想让你多干。"我很难理解为什么有人不想学习和进步。很明显的，他不想人生有什么变化。

作家约翰·沃尔夫冈·冯·歌德相信："一个人应该至少每天听一曲妙歌，读一首好诗，赏一幅美画；若有可能，再说几句入情入理的良言。"我想再加上一点：一个人应该每天问一些问题，学到点儿新东西。问"对"问题的人，会学到最多东西。

学习从聆听开始，但绝不止于此。神学教授汉斯·孔恩强调："理解一个人就可能包含从他那里学到东西，学到东西就有可能改变你自己。"改变是学习的目标。没有改变，你不可能成长。

这一章集中讲述向他人学习的重要性。可是，你永远不知道，谁会从你这儿倾听并学习。最近有一天，玛格丽特接电话时，我发现了这一点。她在电话里讲了片刻，然后用手捂住话筒，看着我，问道："你认识迪克·维蒙吗？"

我急着接电话，几乎把她撞倒。

维蒙是一名传奇教练。他最早是在1959年当高中教练，后来当过各级教练。他得到过4个档次的年度最佳教练奖——高中、初级学院、美国大学体育总会，以及美国橄榄球联盟。20世纪90年代，他退休后又去带圣路易斯公羊队，结果，1999年，他们赢了"超级杯"。电话那端真的是迪克·维蒙吗？他到底有什么事找我？

真的是迪克·维蒙打电话给我，与我教授的"最大影响力"有关——那套CD课程每个月有1.5万多名订户。我曾讲过，当读到一本好书并从中受益匪浅时，我会写下短笺寄给作家表示感谢，同时告之他（她）的努力让我获益良多。所有的老师都想听到自己的付出正在对别人产生影响。

维蒙打电话就是告诉我6年来他一直在读我的书，听我的CD课程。他是在去训练场来回的路上听的，有时候，他会跟教练和队员们分享学到的法则。他只是想告诉我这些。

跟他聊天真是一大荣幸。这种鼓舞会让人一个月都精力充沛！它也有别的作用：证明了学习法则。如果一个像迪克·维蒙这样的人——赢了超级杯的家伙——都能从我这儿学到东西，那么毫无疑问：我们遇到的每个人都有可能教给我们某些东西。

讨论问题

1. 大多数人向别人学习东西的心胸有多开阔？大多数人对此持何种态度？你是否认为多数人会很快地主观判断他们能不能从另一个人身上学到东西？如果是这样，你觉得这是有心的还是无意的？请做出解释。影响到一个人是否有东西教给别人的因素有哪些（如外表、职位、收入、种族、年龄等）？你觉得你自己持有何种偏见？你将如何改变？

2. 本章提到两种学习：一种是人必须时刻敞开心胸，准备向别人学习；另一种是人必须有策略地安排如何学、向谁学。你能从每种学习中获得何种益处？对于每种学习，你所面临的最大挑战是什么？哪一种学习对你个人更有吸引力？

3. 你在学习和个人成长方面持何种哲学观？你以前深入考虑过这个问题吗？你的观点跟本章叙述的有多大差别？你能轻松地接受哪种新观点，然后把它变成自己的？

4. 迄今为止，在你的生命中，导师在你的个人成长中扮演了什么角色？描述一下你过去遇到的一位关键人物，他教给你很重要的东西。目前，谁在帮助你进步？你是找了一个老师来指导你，还是同时有好几个老师？在你目前认识的人中，谁在某个领域具有专长，可以帮助你？你如何做，以得到他（她）的帮助？

5. 提到不耻下问时，你做得如何？与人初次见面时，你会不会通过问问题来更好地了解他（她）？你问的问题会不会引发对话，然后让你从中学到东西？当你准备好去见一位指导者或老师时，你做得如何：你会不会预先准备好问题，以确保充分地利用时间？

魅力法则

人们只对向自己
表示兴趣的人感兴趣

对别人感兴趣，可以使你在两个月内交到的朋友，
比让别人对你感兴趣在两年内交到朋友的还要多。
——戴尔·卡内基

扪心自问：我是关注别人和他们的兴趣，还
是只关注自己？

2003 年8月，我跟玛格丽特预订了地中海上的熙邦游轮（Seabourn）。当我们到达登记处等着被接待时，一位年纪稍长的女士走上前来自我介绍。

"你好，我是菲利斯！"她打着招呼，笑容灿烂，"请问您尊姓大名？"我们介绍了自己。"真高兴遇见你们。"她说，"希望能跟你们更熟识。你们登记吧。晚餐时见！"

"真是一个可人儿！"玛格丽特赞叹着，我们登了记，找到预订好的特等客舱。

那天下午我们安顿好时，我已经把菲利斯抛到脑后了。当我们下去吃晚餐时，她正在那儿跟人说话。一看到我们，她就笑着走过来打招呼。

"约翰和玛格丽特，"她说，"这是我丈夫斯坦利。"很快，她就跟我们聊起来，后来我们还共进晚餐。

"您高就？"她问道。

"我是作家和会议演说家。"我回答。

"真有意思！能给我讲讲吗？"

在她的问询中，我讲了我的背景和一些经历。随后，她跟玛格丽特聊起来，很快就谈起了艺术和古董。

在接下来的几天里，我看到菲利斯和斯坦利主动认识了船上的120名乘客并跟他们建立起联系。我注意到菲利斯为了让人们感觉良好而做出的努力。她会搭上话茬，当对方想谈论她时，她就把话题转回到对方身上去。

菲利斯知道每个人的名字，能说出每个人的优点。几天后，人们就满船转悠着找她了。她就是那个花衣魔笛手①。人人都喜欢她。在一次闲聊中，我得知她跟斯坦利都退休了，两人利用退休时光来搭乘游轮、结识朋友。他们看起来很享受这样的日子。

航行结束时，我告诉菲利斯我跟玛格丽特是多么感谢她，希望能跟

---

① 传说在德国普鲁士的哈梅林区曾发生过鼠疫，死伤极多，居民们束手无策。后来，来了一位法力高强的人，身穿红黄两色衣服，自称能铲除老鼠。镇上的官员们答应事后给他丰厚的财宝作为酬谢。这个人吹起笛子，结果老鼠们都在笛声指引下投河自尽。然而，官员们并没有兑现诺言，这个人很愤怒，他又吹起笛子，把全镇的小孩都引走了，消失得无影无踪。此处用来形容菲利斯身上有一股人们抗拒不了的吸引力。——译者注

她保持联系。她从口袋里摸出一张名片，上面写着：

菲利斯·休斯 斯坦利·休斯
您游艇上的朋友

下面是这艘船的标识和他们家的地址、电话。自从游艇相识后，菲利斯给我们写过信，并邀请我们到佛罗里达去拜访她和斯坦利。

菲利斯·休斯是我遇到过的最具超凡魅力的人。她是建立联结的大师。她有什么秘诀吗？秘诀跟 1963 年父亲把我送到戴尔·卡内基的课堂里学到的一样：**如果你想结识人，关注他们，而不只是盯着自己。**

让人喜欢你的 6 大妙招

卡内基在课堂上的教导和他《人性的弱点》，在十几岁的我心底留下了深深的烙印。其影响如此之大，以至于我大多是按照他所教的来塑造自己的待人技能。下面是卡内基的 6 条建议和我的阐释：

1. 真正地对别人感兴趣

有人问过自多利·麦迪逊以来华盛顿最有名的社交女主人——珀尔·梅斯塔，用何种手段把许多富豪和名人都请到派对上来。珀尔声称："全部的秘密都在欢迎和告别的时候。"当客人到达时，她会迎上去，说："可把您盼来了！"当每个人告别时，她会说："真舍不得您走！"

近 20 年来，在与人交往时，我把下面的话作为自己的行动指南：人们知道了你对他多关心后，才愿去了解你知道多少。不管你的权力、教育和才能如何都不重要，人们知道了他在你眼里很重要后，才会对你有更友善的回应。

2. 展露微笑

你有没有经历过某种方式的"镜中发现"，然后决定改变自己的生活方式呢？我在 3 年级时就有过一次。一天早晨，我站在镜子前。我看着自己的脸，第一次用旁人的眼光去打量它，并想：约翰，你并不是一个帅小伙子。于是。疑问就冒出了：我怎么才能变帅呢？随后，我脸上露出微笑，并想：这很管用！从那以后，我就经常保持微笑。

微笑有挡不住的魅力。我的文书查利·韦策尔曾在教育会展上工作过，向老师们售卖教室装置。当他在展位上工作时，总是朝每个过往的人微笑。大多数人眼睛盯着各种商家提供的展品走过通道。可是，查利说常常会发生一件有趣的事：许多人走在通道上，就在他们快要走过查利的展位时，最后一秒钟会回头看查利片刻。看到查利微笑的人中，有一半以上会骤然转身，回头来看他展位上的产品。就像有一根绳子系在他们身上，又把他们拉回来似的。

查利并不帅，所以相貌不会是让人发生突然转变的原因。其产品也不更惹眼或更五彩缤纷。

> 人们知道了你对他多关心后，才愿去了解你知道多少。

是他的微笑在发生作用。（他甚至做过实验来证实这一点：当他板着脸看人时，人们只是自顾自地走下去。）**如果你想吸引人，就请面带微笑吧。**

3. 记住：一个人的名字在他（她）耳里是最动听、最重要的声音

我第一次参加戴尔·卡内基的课程时，培训讲师强调要记住别人的名字，这让我恍然大悟。从那天起，它就变成我的一件要事。多年来，我用各种各样的手段来记住别人的名字。我会找到一个人脸上的主要特征，并跟他的名字联系起来。为了记住名字，我还会玩一些文字游戏。

在一家大教堂当牧师时，我甚至告诉别人：只要愿意交上一张一次成像照片，我就记住你的名字。立刻，我就有了500来张照片需要记忆。我在它们的边角打上一个孔，穿在大圆环上。记得有一次在飞机上，我从箱子里把几只圆环拿出来，以便翻看和记忆名字。

坐在我旁边的人问："你是在干吗？"

"看家人的照片。"我脸不红、心不跳地回答。

"这可真是一个大家庭！"他惊叹道。

我继续翻着照片，说："没错，等我们有了孙子再瞧吧！"

当然，我记名字的努力并不是总有回报。不管你多么努力，有时候总会弄混。一次，我应邀在安娜姨妈香脆饼（Auntie Anne's Pretzels）的全国会议上演讲。我用 5 分钟的时间赞美公司的创始人，告诉大家她是一个多么卓越的领导者，接着谈到这家企业。我一直夸奖安妮姨妈香脆饼有多好吃。然后，终于有人打断了我，不好意思地说："嗯，约翰，是'安娜姨妈'，不是'安妮姨妈'。"我觉得自己真是一个十足的傻瓜。我还请创始人安娜和乔纳斯·贝勒到家里吃过饭呢，可还是把对方的名字弄错了！

4. 做一个好听众——鼓励别人多谈论他自己

作家乔治·爱略特建议："从满足个人小小自私的愿望中跳出来，去关心这个广阔世界上的其他事。从自己人生的机遇和起落中跳出来，去关心那些最好的想法和行动。关注其他人的生活，看看他们有哪些困难，又是如何担起命运的考验的。"

一个人如何把这些建议运用到实践中呢？去聆听。这就是菲利斯·休斯的天赋，她是我认识的最善于倾听的人之一。她让我回忆起母亲劳拉·麦克斯韦尔。母亲是我见过的最好的聆听者。她不仅时刻准备着听我倾诉，还倾听其他许多人。数年前，她在塞克维尔圣经学院当图书管理员，几十个女孩都喜欢找她说知心话，因为她很关心她们，而她们也知道她会用心倾听。玛格丽特说，这项能力让她成为一个非常好的婆婆。

英国历史上两位最伟大的首相是威廉·格莱斯顿和本杰明·狄斯累利。据说，一名年轻的女士连续几天跟他们一起出席晚宴。当问起她对这两位大人物印象如何时，她回答："**当我与格莱斯顿先生邻座，离开宴会时，我会想：他是全英国最聪明的人。然而，跟狄斯累利先生坐到一起后，我会觉得自己是全英国最聪明的女人！**"

5. 谈别人感兴趣的事

一个温暖的六月夜晚，一对新婚夫妇静静地坐在走廊秋千上。年轻的妻子端详着新婚的丈夫，问道："乔治，你觉得我的眼睛漂亮吗？"

"是。"乔治回答。时间过了一分钟。

"乔治，你觉得我的头发吸引人吗？"

"是。"乔治又回答道。时间流逝了片刻。

"乔治，你觉得我的身材美吗？"

"是。"乔治又一次回答。

"噢，乔治！"她低声惊呼，"你的话我最爱听了！"

可怜的乔治爱他的新娘，可还没学会怎么跟她说话。要在关系中获胜，一个人要学会谈论别人感兴趣的事情。这在首次见面时管用，对经营婚姻也有效。秘诀之一就是作家托尼·埃伦森德拉所称的"白金法则"。你可能知道那条"黄金法则"：己所不欲，勿施于人。白金法则就是："己之所欲，施之于人。"恪守此训，你就不会做错。

6. 让对方感觉重要——要表达得很真诚

一大要点是要让别人觉得自己很重要。菲利斯的魅力绝不是装出来的。你可以感觉得到她是真正地喜欢人。在她眼里，每个

> 己之所欲，施之于人。
> ——托尼·埃伦森德拉

人都很重要。任何人都可以学会重视别人，让他们自我感觉重要。

艾伦·齐默尔曼讲述了卡威特·罗伯茨的故事。他是一名成功的律师、销售大师和美国演讲家协会的创始人。20 世纪 70 年代早期，我遇到过他并听过他的演讲。齐默尔曼说道：

> 一天清晨，罗伯茨往窗外望，看见一个瘦骨伶仃的 12 岁男孩正在挨家挨户推销书。男孩正朝这边走来。罗伯茨转身对妻子说："看看我给这男孩上一堂销售课。毕竟，这么多年来我写教人沟通的书，在全国演讲，应该跟他分享一下我的智慧。我不想伤害他的感情，但我得在他明白之前搞定他。我用这种技巧已许多年，次次管用。然后，我会把他叫回来，告诉他如何跟我这样的人打交道。"
>
> 罗伯茨太太看到 12 岁的男孩敲门了。罗伯茨先生开了门，迅速地解释说自己是个大忙人。他对买书没有丝毫兴趣。可是，他说："我只能给你 1 分钟，因为我得走——去赶飞机。"
>
> 小推销员并没有被罗伯茨的拒绝吓倒。他只是注视着这位

身材高大、头发灰白、相貌高贵的男士——一位他知道非常有名而且相当富有的男士。然后，男孩开口了："先生，您就是大名鼎鼎的卡威特·罗伯茨吗？"对此，罗伯茨先生的回答是："进来吧，孩子。"

他从小家伙手里买下几本书——几本他可能永远都不会读的书。这个男孩掌握了让别人感到重要的法则，用起来立刻见效。这是一种即使是富人、名人、有权有势的大人物也无法抗拒的偷心手段。

作家马库斯·白金汉和唐纳德·O. 克利夫顿称这种手段为"赢人术"，意思是可以赢得人心。他们相信，掌握"赢人术"的人会接近人，并且"想知道他们的名字，问他们问题，找到共同感兴趣的领域，从而聊起来，让关系变得密切"。在他们的观点中，有没有"赢人术"是天生的。我同意这一点，但我还认为人人都可以培养起人际技巧并学会让自己有魅力。

谈到魅力时，归根结底在于：**没有魅力的人走进人群里，说："我来啦！"有魅力的人走进人群里，说："你们都在这里。"**这一点，每个人都可以学会去做。

你如何拥有"赢人术"

最近，我买了白金汉和克利夫顿的书《现在，发现你的优势》，并运用"优势识别器"自测。我得承认，"赢人术"是我的五大优势之一。我总是有能力赢得人心。但在以前我并不是那么有魅力，我会告诉你为什么。当我刚刚走出大学校门成为一名年轻牧师时，**我犯了个错误——总想打动每个人**。我扮成专家，有意地高高在上宣讲，甚至还戴上眼镜来装老成和聪明。今天，我觉得以前的举动真可笑。我也得到了教训。今天，我不需要去打动任何人。（这样做也行不通，不会有任何用。）**我只需要让人们知道我关心他们，想帮助他们。**

如果你想成为那种别人一看到你来就展露笑容的人，就请跳出自己，改变关注点，对别人真心地感兴趣。如此做，可以改变你的人生。

讨论问题

1. 为什么人们觉得很难真正对别人感兴趣？你存在这个问题吗？请解释。

2. 你是否认识某人，他（她）既有魅力，又善于同别人建立联结？描述一下这个人。他（她）给你的感觉如何？这个人的魅力多大程度上是与生俱来的，多大程度上是后天习得的？你如何做，才能更像这个有魅力的人？

3. 你记住人们名字的能力怎么样？这件事在你"要事单"上排第几位？你用过什么方法（如果有）来帮助记住名字？

4. 你曾经做"功课"来发现别人更多的兴趣，以更好地建立起联结吗？你觉得这种经历令人愉悦还是让人烦心？这种做法最终如何影响关系？当无法或不适合做"调查"时，你能"即兴地"发现别人的兴趣吗？你应该问哪些问题？如何使用观察手段？

5. 如果一个人用假意奉承使别人感觉重要，会出现什么结果？当你并不特别钦佩某人时，让他感觉重要会存在困难吗？请做出解释。在这种情境下，你如何找到表达欣赏的真诚手段？你如何努力来改变对自己不喜欢者的态度？

满分法则

相信别人最好的一面，
往往会激发出他最好的一面

远离那些轻视你雄心的人。小人总是贬低你，
而那些真正伟大的人，会让你觉得你也能变得很伟大。

——马克·吐温

扪心自问：我相信别人最好的一面吗？

1995 年，我看了电影《危险心灵》，它讲述了一个激动人心的故事：一名女教师想改变那些十几岁学生的命运。直到近来我才知道，这个故事竟是根据真实的人物改编。

少见的好女人

卢安娜·约翰逊高中毕业时，发现自己不怎么想进大学。她在大学里混了 45 天就退学参加了美国海军。在那里，她找到了自己的乐土。她服役了 8 年，在此期间获得了心理学学位。接着，她决定加入美国舰队，上完军官预备学校并成为一名少尉。但是，在军旅生涯的第九个年头，约翰逊进行了深刻的反思，她决定退役。她想做更多的事。

有一段时间，她在《纽约时报》做发行人员，赚到不错的薪水。但是，她觉得少了点什么。

"我一直在读那些孩子的故事，他们从学校毕业后，不能读、不能写，也缺乏基本的文化素养。"她回忆道，"我想这要是真的，那真是罪过。"她搬到西海岸，做了施乐公司①的经理助理，并回到学校去读硕士学位。她期望成为一名教师。"我下定决心，宁愿一年只挣 2.5 万美元，也要去做一些真正有意义的事。"

地狱似的班级

当约翰逊拿到学位后，她在加州贝尔蒙（旧金山南部圣马特市下面的一个小镇）的帕克蒙高中谋到一个见习教师的职位。这个班级跟电影里描绘的简直是活脱脱一个模样。

"他们（学校当局）没说过去那个有经验的老教员是被这些孩子赶走的。"约翰逊说，"第一天，那些孩子又疯又野。他们的行为举止就像眼睛里不存在我这个人。"第二天，她又来上课了，带着更大的决心。她要继续努力："我告诉他们我太年轻了，不打算退休；我也太小气了，不想丢掉这份薪水。"

她很快就找到了跟孩子们相处的策略。"我尽量使用幽默而不是威

---

① Xerox，美国著名的打印机公司。——译者注

胁。"约翰逊说道,"有时候,我会站得笔直,说:'别让我跪下来求你们。那样子一点都不酷! 当你朝着老师微笑时,绝不可能是坏孩子。'"

更重要的是,她对学生们深深的信任把他们打动了。在第一天的课堂上,她玩了个自称为"牌戏"的小把戏——这是她经常做的径行之一。她发给学生每人一张索引卡,要他们填上姓名、地址、电话号码和个人情况。当他们写完卡片时,她拿着小纸卷在教室里踱步,扫一眼学生的卡片,看到名字,然后暗暗地记住。

当人人都写完时,她收回卡片并谢谢那个学生。待所有的卡都收齐以后,她宣布,学生们将进行第一次考试。教室里马上怨声一片,但是她告诉他们——不是考你们,而是考我自己! 如果她能够说出每位学生的名字,她就赢了。如果她说错了一个,每位学生第一次考试时成绩会自动是 A。

她说出每位学生的名字后(她总能干得很好),许多孩子都惊呆了。她告诉他们:"我知道你们的名字,是因为我心里很看重你们。当我看到你时,我就记住了你。我很喜欢你。我也关心你。这就是我来到这里的原因。"

借出钱来达到自己的要求

约翰逊并不仅限于玩记住学生名字之类的室内小把戏。她会设法顺利度过每一天。有一次,一个名叫劳尔的学生欠了街头小混混 100 美元,约翰逊就借给他钱,条件有一个:劳尔现在正上高中二年级,得到毕业当天才能还她钱。

劳尔的日记透露了约翰逊对他的影响:

> 上周,你告诉我们要在日记里写别人为我们做过的最好的事,我只能胡编乱造,因为在此之前,没有谁对我好过。所以,我就向你撒谎了……不管怎么说吧,你昨天对我做的是最好的事,我觉得你之所以那么做,是因为你觉得我挺棒、诚实、机灵而且独特! (你总是这样跟我们说,我觉得你心里也是这样想的。) 好吧,我会在学习上更加努力的,不会让你失望,因为你觉得我能进步我就能取得进步。

约翰逊如此相信她的学生们，以至于他们也开始相信自己了。劳尔的父母分别上到三年级和二年级就辍学了，他是家里第一个拿到高中文凭的人。

"我们的团队对学生抱有很高的期望。"约翰逊说，"有些人嫌太高了。他们警告：不要过分要求。只要能升级和毕业就够了。但是，我们想要的更多。我们要求学生不逃学，远离毒品和烈酒，改掉坏习惯，完成课堂任务和家庭作业，不要受黑帮的引诱，端正态度，不说脏话。只要能想到的我们都会提出要求，他们真的尽己所能做到了。"

"我觉得当一名教师就像发表政治声明那么严肃。"约翰逊说道，"你正在说的是你相信国家的孩子们，你不会放弃他们。这就跟宣誓当和平队志愿者差不多。"基于此，她写下了自己的经验。"跟处于青春危险期的孩子打过交道后，我写下《我的哥儿们不做作业》这本书，因为我真的很害怕大人们轻易就放弃了犯错的孩子。如果我们放弃了，他们就会破罐子破摔。但是，如果我们相信他们可以跨过面前这道坎，他们也会相信。"换句话说，约翰逊确信：**相信别人最好的一面，就会激发出他们最好的一面。**

你就是满分

我全心全意地拥抱这个法则。这也是我能够30多年来诲人不倦的原因。我确信人人都有潜力。如果人们相信自己，他们就可以发挥自身潜力，成为自己想成为的人。下面是我在与人交往时对这方面的想法：我相信遇到的每个人都是满分。于是，我将其称之为"满分法则"。

回到1983年，我在史伯肯会议中心（Spokane Convention Center）做了一个演讲，后来在吉姆·多布森主持的《关注家庭》节目经常播出。它可能最好地阐释了我对人的看法，名字叫做"我对人的5点认识"，下面是其精华：

1. 人人都想成为要人

作家乔治·M. 亚当斯说过："**我们的人生都有辉煌，但是大多数都要靠朋友的鼓励才能实现。**我认为，不管一个男人或女人多么重要、多么有名或多么成功，都渴望听到别人的掌声。"你觉得这是真的吗？每个人都想让自己的生命有价值。每个人都想自我感觉很重要。你也是这样想的吧？那么，你就知道了这对人人都适用，即使是那些并没有表现出来的人也是如此。

2. 人们知道你多么在乎他们，才在乎你知道多少

卢安娜·约翰逊教的都是那些不想学习的人。在这种环境下，大多数学生会尽可能早地辍学。她通过让学生们知道她很关心他们——真的关心，来打破这种局面。一旦他们领悟到老师的苦心，就敞开心扉来接受她教的东西。**我们常常是想用自己的所知来帮助人，而非发自内心地关心他人。**

3. 每个人都需要别人

在这个世界上，没有一个人不需要别人。假如我们坦诚的话，问题就不是我们是否需要别人，而是我们多么需要别人了。

最近，我收到朋友史蒂夫·巴比发来的一封邮件，讲的是男孩佛瑞德的故事。佛瑞德参加了一支夏季篮球联赛队，由科基·卡尔霍恩——宾夕法尼亚大学的前篮球队员——担任教练。佛瑞德所在的队里有整个联赛最好的选手，很明显，他们绝对会赢。但是，科基注意到佛瑞德信心不足，也很自卑。科基就鼓动其他队员来帮助佛瑞德相信自己。于是，每次佛瑞德进了球，大家就使劲地把他夸一顿。

赛季结束时，发生了两件事：一是他们的队伍赢了锦标赛；二是佛瑞德相信他是队里最棒的选手，他也的确是。从那以后，佛瑞德就像变了一个人，但是，光靠他自己，永远也无法做到这点。这需要别人的帮助和信任。

4. 助人者的影响会波及很多人

当卢安娜赢得了劳尔的心之后，她把他剩下的"哥儿们"也"争取"了过来。劳尔是个小不点儿——17 岁了，才95 磅（这是一日三餐只吃豆子和大米的结果）。从小学时起，他就跟3 个伙伴待在一起，被看做小跟班。然而，一开始用功学习，他在朋友中的角色就变了。起

先，"哥儿们"对此很愤恨，很快，他们就开始拿他做榜样了。不久，他们就都用功了，想取得进步。

帮助劳尔一个人，结果使得约翰逊帮助了四个人。事情常常就是这样，当你帮助一个人时，影响会波及到其他人的生活。

5. 今天的小人物，将会崛起成为明天的大人物

当你相信人们时——把每个人都看做满分——每一天都会过得很美妙。为什么呢？因为每个清晨都预示着某个人的生命将在今天发生改变。这是多么美妙的礼物！卢安娜·约翰逊早晨醒来时，没想到她愿意借给一个男孩钱竟会改变他的人生。不过，她把每天都看做是能够有所作为的良机。如果你相信人，每一天对你来说，也同样充满着希望。

最好是相信

我在人生中就有这种希望。我真的相信人，看到他们最好的一面。这是我的一大优势。有时候，这也会成为一大弱点。我常常太信任了，在别人准备好之前就想对他们授权。有时候，这会给我带来麻烦。但是，我宁愿冒这种险，因为我觉得它给别人带来的回报是如此丰厚。

如果目前你不是一个能够高度信任别人的人，那就想想下面几点吧：

对少数人的失望不应该阻碍我们去信任其他人

当我还是个年轻的领导者时，最初雇佣的一个人就给我捅了娄子他没有尽到自己的本分，还向我撒谎以掩盖行径，我还天真地相信了他。从这件事之后，我告诉自己：永远不让员工跟我走得这么近了。但是，这种态度没有保持多久。首先，这对我将来要领导的其他人不公平。为什么一个人的错误要影响到我对待别人的方式呢？其次，我认识到，若我总是跟人保持一定的距离，他们可能伤不到我，但也不能帮我了。

过去，如果你被别人伤害过或对其感到过失望，请不要让这种负面因素影响到你将来的态度。多数时候，相信人还是真的能够让别人做到

最好。

信任别人，表明我们在情感上是健康的

在《心怀信任》一书中，杜克大学医学中心行为医学研究所主任雷福德·威廉斯博士写道："**那些心怀信任者，大多数一生健康且长寿。**"他说，这样的心"相信人性之善，大多数人会在相处中做到公平且友好。"一颗善良的心更容易是健康的心。

信念决定我们的行动

如果你厌恶人或者是不相信他们，是掩饰不了的。卢安娜·约翰逊班上的同学对她反应很积极，是因为他们感觉到她对他们的友爱是真的，不是故意装出来的。这是根植于她对人的信念。如果你想提升别人，你就得先看重他们。

健康的婚姻是建立在高度欣赏的基础上的

如果你已婚，你最该相信的、最重要的人就是你的配偶。在 2003 年的一场"激活领导力"会议上，盖洛普机构副总裁兼《现在，发现你的优势》一书作者马库斯·白金汉说，健康婚姻的首要标志是夫妻双方都比别人更欣赏彼此。只要一方眼里的妻子或丈夫没有别人眼里的好，那婚姻就有麻烦了。

我做牧师向别人提供咨询的经历证实了这一点。我看到的婚前来咨询的"准夫妇"，每个都觉得对方完美无缺。我看到那些正打离婚战的夫妇，都把对方看得一无是处。

我们每个人都要对自己的伴侣现实一点。没人是完美的，没人能够处处讨别人欢心。可是，如果你已婚，并不是100%地相信你的伴侣并且支持他（她），那就得去寻求帮助，否则你的婚姻就会出问题。

表达对别人潜力的相信，会激发出他们的潜力

光相信别人，认为他们个个都是好样的——即 10 分——还不够。你还要表达出来。哲学诗人约翰·沃尔夫冈·冯·歌德说："**按一个人现有的表现来对待他，会让他日渐堕落；按一个人应有的良好品质来对待他，会把他变成一个真正高尚的人。**"

　　我认识的最有技巧的"人际相信者"是丹·赖兰，他过去跟我一起工作，当主管牧师；后来去了我创立的一家公司做副总裁。我在丹实习期间就认识他了。刚一入职，他就相信人们，但我觉得他表达得并不是很好。现在，他已经成为这方面的大师了。不仅是因为他每天都这样做，还由于自1987年来，他每年都会带上几位有潜力的人并亲自指导他们。如果我们乐意投资于人的话，我认为这是大家都应该做的事，至少做到一般程度。

　　想想那些影响你一生的人：让你相信自己能够学好的老师，给你机会去施展才华的老板，让你明白你拥有改变的资本以过上好日子的咨询顾问，那个深深爱你、愿意在婚礼宣誓中说"我愿意"的男人或女人。不是他们恰巧在那个关键时刻出现，而是在

> 　　按一个人现有的表现来对待他，你会让他日渐堕落；按一个人应有的良好品质来对待他，你会把他变成一个真正高尚的人。
> ——约翰·沃尔夫冈·冯·歌德

许多情况下，他们的存在造就了那个人生中的关键时刻。

　　在几乎所有影响积极的事情中，那个人会相信你。他（她）可能看到了你身上也许都不自知的某种品质。你不想成为这样的人吗？答案是肯定的，那就尝试去爱别人，把他们看成满分。如果你有家庭，那就先从配偶和子女身上做起，然后扩大范围。相信别人最好的东西，你就会收获他们最好的一面。

讨论问题

1. 那些想"孤独去走人生路的人"展现出什么品质特点？说出导致这种态度的几个原因。为什么要想帮助持此心态的人很难？如果你就是这种心态，是什么阻碍了你去帮助别人？

2. 一个人想成为"要人"的渴望通过何种方式——好的和坏的都有——表现出来？大体上，你想被认知或显得重要的愿望驱使你去做好事还是干坏事？这如何影响你对别人的反应？它让你变得支持人还是怨恨人？

3. 你同不同意心怀信任在情感上是健康的？解释你的答案。

4. 你觉得在哪儿更容易相信人：在家里还是在工作中？请解释。你渴望改变的程度有多高？你将采取哪些积极步骤来开始改变？

5. 说说可以表达对别人信任的方式。你如何评判自己对别人信任的表达：做得很差，一般，还是很好？为什么？你的家人和同事认可这一点吗？你可以采取哪些已有的方式来更好地表达自己？

冲突法则

关心别人先于反对别人

冲突就像癌症——越早发现，治愈的可能性就越大。

扪心自问：我在巧妙化解冲突上花足心思了吗？

几年前，我继创始人奥瓦尔·布彻后，来到圣地亚哥天音教堂做资深牧师。当我知道布彻即将退休、位子将空出来时，许多人劝我不要接任。在教会世界里，继任一位创始牧师是很难的，尤其是像布彻牧师这样的人——他在这里服务了 27 年，干得很好。人人都敬爱他。

忠诚的问题

跟许多"空降兵"式的领导和经理人一样，我很快就发现不是每个人都迅速适应了这一改变。好在人们比较大度，布彻牧师也领导有方，多数人都接受了我。我也很快进入了角色，开始跟他们建立关系。

几个月后的一个礼拜日，我注意到萨利·约翰逊旁边没有她的丈夫乔。他们向来热衷教堂事务而且从来不缺席。我突然想起已经几周没有看见乔了，就问萨利他在干吗。

"唉，说句实话吧。"她答道，"教堂这里变了之后，他很难适应，不想来了。"

我很快就给乔打电话，问他愿不愿跟我见个面。

几天后，乔坐到我的办公室里，我开口了："乔，你怎么样？萨利说你适应不了这里的改变。"

"我猜你就会说这个，"乔答道，"我只是怀念布彻牧师。"

"乔，"我说，"你能为我做点事吗？"

"啥事？"他满腹狐疑地问。

"告诉我你都喜欢布彻牧师哪里。"

乔对问题很吃惊，但很高兴回答。

"好吧，"他开讲了，"布彻牧师总是和我们在一起。他为我们的每个孩子主持婚礼。他为我父母主持了葬礼。他还把我的兄弟送下地。"乔接着讲了在他们生命的重要时刻，布彻牧师是如何待在他们身边的。

"难怪布彻牧师在你心底有如此特殊的地位。"我说道。乔看起来正在努力地强忍眼泪。"乔，布彻牧师应该永远是你最爱的牧师。让我来告诉你点儿别的。我绝不会因为他总在你心里占最重要的位置而介意。我愿意你永远把他看做最敬爱的牧师。"乔泪光闪烁了，肩头仿佛卸下了一个重担。"如果你还有剩余的爱，就分给我一点儿吧。"

下个礼拜日，乔又回到了教堂，他又是原先的自己了。时不时地，他会悄声走到我身边，突然袭击给我一个大拥抱："牧师，我这个月还有点儿剩余的爱。"他这样对我，直至去世。

冲突的真相

我跟乔·约翰逊的交往结局很不错，但是你可以想象，不是所有的冲突都有如此美妙的结局。跟别人一样，我也有结局很不好的冲突。但是，大多数时候它们还是会进展得不错的，原因就在于，**在冲突中，我抱着关心别人、想帮助别人的心态。**

我可以强迫乔。我可以在沙地上画一道线，说："要么跟着我，要么自个儿走。"这就是很多新领导进入机构后所做的事。这也是一个部门或机构有了新官上任后，员工常会大批量"换血"的原因。或者，我还可以把乔放弃。我可以说："他是卫道士。他明显地不拿我当回事，我还麻烦什么呢？"相反，我认可了他，承认了他的感受。这跟竞争无关。我绝不会傻到认为自己可以取代布彻牧师在他心里的地位。去试一试都不合适。这就跟继父母在孩子面前说他生身父母的坏话，以偷取孩子的感情似的。

我相信，我们可以本能地知道关系中的一些真相：

冲突是无法避免的

也许，我们应该把冲突加进死亡和赋税里，作为今生不可避免的东西。① 避免冲突的唯一办法是把我们与这个星球上的其他人隔绝起来。但是，如果你看过汤姆·汉克斯主演的电影《荒岛余生》，他扮演的角色与一只排球吵架，你就会知道，即使是与世隔绝的人也有办法挑起冲突。

与人正面冲突是很困难的

在领导力会议里，我会把冲突对抗问题讲上整整一大段时间。经常是从先做一个非正式的调查开始，发现与会者有多人正与所在机构里的

---

① 富兰克林说过："人生有两件事不可避免：死亡和赋税。"此取其意。——译者注

人有矛盾。几乎人人都有。当问到有多少人与那个人正面冲突时，通常只有5%的人举手。没有人喜欢正面冲突，于是人人都去避免。（那些喜欢如此干者是自己心理有问题！）

> 也许，我们应该把冲突加进死亡和赋税里，作为今生不可避免的东西。

为什么正面冲突很难呢？我们害怕被别人讨厌、误解或拒绝。我们恐惧未知的东西。我们还不喜欢表达自己的情感。我们担心那样做，只会把事情弄得更糟。让我们正视它：还没几个人学过正确化解冲突的技巧。

解决冲突的方式决定我们能否顺利渡过困境

你是如何处理人际关系中的冲突呢？你知不知道，要是冲突没被迅速正确地化解，矛盾就会激化？基于此，你采取的方法就非常重要了。下面是我见到的人们处理冲突时所采取的典型的有害策略：

- **不惜一切代价取胜**：就像发生在 OK 镇的大决斗①一样，迅速、粗暴、毁灭性强。
- **假装它不存在**：面对坏事，如果你耳不闻、眼不见、口不说，坏事是不会自动消失的。
- **对此牢骚满腹**：赢家绝不是到处诉苦的人，到处诉苦的人也绝不会赢。扮演牺牲者不会真正地解决冲突，只会让人人恼怒。
- **把其记录在案**：把别人的错误记录在案的人连重新开始都做不到。而且，没有人能够"扯平"。
- **拿大帽子压人**：用职位压人永远不会真正地解决冲突，只会将其延后。
- **举白旗投降**：放弃是对暂时问题的永久性解决方案。

所有这些方法都不能帮助需要解决冲突的人正确地去做。

---

① 电影《墓碑镇》里讲述了发生在美国西部 OK 镇的一场血腥火拼。——译者注

路线图：正确化解冲突

解决冲突的方案并不复杂。理性地说它很简单，但情感上可就不那么容易了。它需要诚实、谦逊和对关系的投入。这里有一个 6 步计划，帮助你解决冲突这道难题。

1. 只同你关心的人起冲突

人们很少会同自己不关心的人起冲突，除了在法庭审判上或是有暴力、侮辱等行为发生时，但这不是典型的人际冲突。在几乎所有的人际交往中，起冲突时如果能够把对方的利益放在心上将会更有建设性。

过去，当你试图同别人解决冲突时，目的通常是什么？展示同情心？想迅速解脱？还是不惜一切代价来取胜？下次，再遇到相同情况，要把"双赢"作为目标。如果你想保证对方先赢，那么稍后你就会知道这种观点是最有益的。

前密歇根大学的橄榄球教练波·谢默比奇勒说："说到底，队员肯定你关心他们，这是最重要的事。如果队员们觉得我不关心，我做的事绝不可能成功。他们知道，长远看，我是支持他们的。"如果你准备与某个人正面冲突，也应该给他同样的感觉。

2. 尽快碰面

一旦有冲突，我们总是试图避免，把它推后，或是让别人来替我们解决。但事实是，不管基于何种原因，只要你放过了冲突，只能让情况变得更糟。如果要一个人去推测别人的动机，或猜测将会发生什么事，他们经常会想到最坏的情景。把冲突拖延，只会让情况恶化。

佛瑞德·史密斯顾问是我在领导力方面的一位导师，他谈到自己的经验："当我不想处理棘手的人事问题时，我就问自己：我不行动是为了让自己舒服呢，还是为了机构的利益？如果我光做让自己舒服的事，我就渎职了。如果我做了对机构有益的事，恰巧也让自己很舒服，那就太妙了。但是，如果我不负责地对待别人的不负责任，我就必须记住：两个错误加起来绝不会产生正确。"

我总是把这条建议牢记在心。我告诉员工，如果发现他们身上存在严重问题，我会马上跟他们说。我从来不把问题"束之高阁"。把问题积攒起来，等冲突爆发时给员工一一点明，这绝不是好主意。相反，要迅速面对面谈。如果这无法做到，就考虑在电话里谈。不过，在任何情况下，都不要通过电子邮件来处理。

3. 首先寻求理解，而不是赞同

积极地解决冲突时，一大障碍就是冲突时脑子里的成见太多了。有一句老话说，在明白之前就给出意见的是普通人，但在了解之前就做判断的是傻瓜。

> 在明白之前就给出意见的是普通人，但在了解之前就做判断的是傻瓜。

亚伯拉罕·林肯总统以他非凡的人际能力著称。他说："当准备跟人理论时，我会花前期时间的 1/3 来考虑自己想说的话——2/3 来想他和他将要说什么。"这是经验之谈。如果你光看到自己，是不可能达成理解的。正如工程师查尔斯·F. 凯特灵所说："知道和理解之间存在着很大的差异。你可以知道很多事，但并不真正理解它。"

4. 说出问题所在

当轮到你开口并使别人理解你时，采用积极的方法很重要。下面是我的建议：

- **描述你对问题的理解**。一开始，先不要对别人的动机下结论和（或者）做声明。只告诉他你对所见问题的想法，描述一下自己认为的根源所在。
- **告诉他这件事如何影响你的感觉**。如果对方的行为让你生气、郁闷或难过，清晰地表达出来，不带一丝谴责。
- **解释这件事为什么对你很重要**。许多时候，当一个人发现某事对你至关重要，就足以让他想改变做法了。

在这一过程中，必须没有情感上的怒气或痛苦。你不需要关掉自己所有的情绪，只需确保不出言不逊、惹恼对方。

5. 鼓励对方做出回应

绝不要在正面冲突时让对方闭口不谈。如果你关心人，你就会想去聆听。另外，如政治家迪安·拉斯克说过的那样："说服别人的最好办法是用耳朵——要聆听他们的话。"

有时候，光谈谈就让你了解到你的看法有误。我就曾经这样过。当我意识到自己才是问题所在时，真是无地自容。另外的时候，你发现必须把外界干扰因素考虑进去。鼓励别人开口，会让你对问题有清晰的了解。

这还给别人一个诉说自己情感的机会。大多数时候，当你跟别人起冲突时，他们会有情绪上的反应。他们可能很震惊、发怒或内疚。他们或许想跟你分享这些感情，或许不想。但不管怎样，你应该鼓励他们给你一个真实的回应。为何？因为假如他们不发言，就没法推进问题的解决。他们会满脑子都是自己的想法，听不进任何东西。

当与别人冲突时，我发现如下事实：

> 50%的情况下，人们没意识到存在问题。
> 30%的情况下，他们感觉到有问题，但不知道如何解决。
> 20%的情况下，他们知道有问题，但不想去解决。

坏消息是：5个人当中会有1个人不想寻求解决方案；好消息是：80%的情况下，还是很有希望解决冲突的。

6. 达成一致的行动计划

多数人讨厌冲突，但他们喜欢解决方案。得到解决方案的唯一办法就是采取积极的行动。制定并同意一份行动计划，把焦点放到未来而非过去的问题上。如果与你起冲突的人期望改变，他也会努力地朝解决问题的方向前进。

一份好的行动计划应该包括如下几点：

（1）问题的清晰定性。

（2）解决问题的协定。

（3）有把问题解决的具体行动步骤。

（4）责任框架，如时间安排和责任人。

（5）完成的最后日期。

（6）双方对一旦问题解决就将其抛至脑后的承诺。

　　如果你的冲突比较严肃正式，譬如是在工作场合，那就把行动计划写到书面上。如果解决行动没有按计划进行，你就可以找过去写下的书面文件。

　　成功地解决冲突常常会改变双方，而非一人。你要知道人们在一起久了，连观点都会相似。有些人称之为临近影响。当面对面来解决冲突时，积极的变化是第一项成功的标准；第二项就是关系的持续增长。任何时候，只要你真正地解决了交往中的冲突，它是不会伤害到关系的，事实上还能加强人们之间的联系。

> 成功地解决冲突常常会改变双方，而非一人。

　　但是，这一切都要从真正地关心他人做起。谈到这个问题时，亚伯拉罕·林肯总结道："如果你想把一个人争取到你这边来，首先要让他信服你是真诚的朋友……代他做判断，让他听指挥，或躲着他、轻视他，就会让他缩回自己的壳里……就跟拿麦秆来戳蚌或乌龟一样，你再也进不到他的心里。"

讨论问题

1. 当正面冲突没解决好时，会出现什么情况？你有没有解决得很糟糕的经历？你是那个挑起正面冲突者还是被挑起方？说说哪儿出了问题。这对关系有什么影响？

2. 你认为当正面冲突时，大多数人会把对方的利益放在心上吗？人们与别人正面冲突的动机常常是什么？你的动机呢？它们通常是为了别人着想，还是出于自卫需要？

3. 考虑下面人们对待潜在冲突的不同方式：

　　　　　不惜一切代价取胜。

　　　　　假装它不存在。

　　　　　对此牢骚满腹。

　　　　　把其记录在案。

　　　　　拿大帽子压人。

　　　　　举白旗投降。

　　　过去，你更喜欢采取哪种方式？为什么？将来你会如何处理？为了在这方面有所改进，你必须采取哪些措施？

4. 如果挑起冲突者情绪过于强烈，会导致什么情况？他若不这样又会如何？正面冲突时，一个人怎么才能够保持情绪的冷静？

5. 正面冲突时，若没有制定出清晰的行动计划，常会导致什么情况？你觉得制定这样的计划难不难？通常的障碍是什么？如果

　　对方不想合作，将会发生什么？在这种情况下，你如何拿出解决方案并加以实施？

　　在进行下一单元之前，让我们回顾一下与"联结问题"有关的人际法则：

全景法则：全世界的人，都是由别人组成的——你一个除外。

交换法则：与其平等待人，不如站在他们的处境上设身处地为人着想。

学习法则：我们遇到的每个人，都有可能在某一方面给我们教诲。

魅力法则：人们只对向自己表示兴趣的人感兴趣。

满分法则：相信别人最好的一面，往往会激发出他最好的一面。

冲突法则：关心别人先于反对别人。

信任问题

我们能建立起相互信任吗？

友谊的真谛不在于伸出的手，洋溢的笑，相伴的快乐；

而在于你发现一个人相信你、出于友谊来信任你所带来的精神鼓舞。

——拉尔夫·沃尔多·爱默生

为什么许多关系最后弄得不欢而散呢？一些充满激情的婚姻最后尝尽苦果。人们期待能维持一生的友谊支离破碎。前景光明的商业合作最后以灾难收场。导致这种关系崩溃的原因很多，但最根本的原因是信任破裂了。

你如何定义"信任"呢？《韦氏新世界大词典》（第三版）说：信任是"对别人的诚实、正直、可靠、公正等有坚定的信念或信心"。凯文·迈尔斯说："你可能并不知道信任是什么，但你知道什么是不信任。"如果人们向你撒谎，偷你东西，伤害你身体，你就知道不可以信任他们。这很明显。但是，一个人还会不会通过别的方式来破坏信任呢？有没有人做的事使关系不值得信任？基于这个原因，为了在关系中赢得别人的信任，你必须怎么做？

这些问题是下面5章的核心内容。它们包含的人际法则将帮你回答这个问题——我们能够建立相互信任吗？

基石法则：信任是一切关系的基础。

困境法则：永远不要把困境看得比关系更重要。

鲍伯法则：当鲍伯跟每个人都有问题时，鲍伯通常就是问题所在。

亲和力法则：自我放松，有助于别人跟我们在一起时也放松。

战坑法则：战斗打响前，请挖一个能容下朋友的大战坑。

基石法则

信任是一切关系的基础

被信任，是比被爱更大的赞美。

——乔治·麦克唐纳

扪心自问：我是值得信赖的人吗？

他是一名前途无量的青年记者，精力充沛，勤奋努力。他的中学校长回忆道："他一直对新闻业很感兴趣，在这里时就是。他对其孜孜以求，坚持不懈，让我们都很佩服。"在马里兰大学读书时，他被认为是一个多产的、有天分的写手。这让他有机会暑期到《纽约时报》——全国最好的报纸——实习 10 周。在那里，据说他做得很好，写了 19 篇文章，并帮着做了许多其他工作。

那是 1998 年的事。第二年，他在《纽约时报》找到了一份工作，并很快被提升为见习记者。他干的是刚入行新人的工作，干得很成功，虽然有时候受到警告，说他的工作太马虎了。2001 年 1 月，杰森·布莱尔正式成为一名全职记者。

除了这些成就，杰森的日子过得并不太顺。他的主管编辑总是警告他，说他的工作太粗心大意。主管都市报道的编辑乔纳森·兰德曼告诉布莱尔，他的错误率"根据报纸的水准，高得有点离奇了"，这是编辑本人无法容忍的。他在给员工的电子邮件里说："准确性是我们拥有的唯一东西。我们的工作就是保证报道准确，我们售卖的也是准确。"鉴于布莱尔的才华和潜力，编辑们时不时地检查他的工作，并帮助他提高报道的准确性。后来，布莱尔被调到了体育部。

不知何故，布莱尔又从体育部回到了国内新闻部，被派去协助"弗吉尼亚枪击案"的报道。在对国内新闻的报道中，布莱尔春风得意，很快就声名鹊起。他对枪击案的报道成了重磅新闻，他还采访了杰西卡·林奇一家——林奇在伊拉克战争中被抓为战俘。他还做了其他许多很抓人眼球的报道。

接下来的故事……

但是不久，杰森·布莱尔就卷入了麻烦，大麻烦。有人注意到，他在对南得克萨斯一位遇害美国兵母亲的报道中，有数处与另一位记者几天前发表的稿件惊人的相似。《圣安东尼奥新闻快递》的一位编辑——当初就是他签发的那篇稿件——写信给《纽约时报》的编辑，警告他们出了问题。这使得《纽约时报》的编辑们不得不回头审查布莱尔以前的工作。

《纽约时报》的工作人员发现，布莱尔写的 600 多篇文章中有 100

篇都存在问题，需要做重大修改。他的国内报道中，有将近一半的文章不能用。但是，布莱尔的罪过绝不止于报道粗心本身。引用《纽约时报》前编辑豪厄尔·雷恩斯的话说，调查显示，这是"习惯性地误报、伪造和欺骗"。布莱尔向自己的老板撒谎，假装去执行任务，然后就编造"一手的"新闻。他运用照片、其他消息来源编造故事。他剽窃了其他记者的工作成果。为了掩饰自己的行径，他还在花销报告上耍手腕。

东窗事发后，影响很大。《纽约时报》的公信度岌岌可危。两位议员称《时报》"大现眼"，报纸处于152年来的"最低谷"。《时报》的作者评论道："虽然一名记者的欺骗并不能掩盖其他375人的工作，但新闻专家和教师们还是认为，《时报》必须努力来修复它在公信度上遭受的重创。"

丑闻曝光后，布莱尔立即辞职了。他昔日的老板、同事、朋友再也不信任他了，许多人还对他的背叛表示愤怒。他剽窃的那篇南得克萨斯报道的原作者，玛卡莲娜·赫兰德兹——讽刺的是，她还跟布莱尔当初一起在《纽约时报》实习过——评价说："他渎职，欺骗读者，蒙蔽编辑，剽窃同行。都结束了。换个角度想，就放他一马吧。"

那么，当布莱尔被派去执行报道任务时，他都在干吗呢？根据《纽约时报》记者们的说法，他是躲在布鲁克林的公寓里，编造故事，并撰写有关枪击案一书的体例大纲。欺骗行径被揭穿后，他改弦易辙，写起了他在《纽约时报》的蛀虫行为。一位作家读过他后来出炉的书，名为《火烧雇主》，称布莱尔是一个"世界级的匹诺曹"①，是一个"大言不惭的撒谎惯犯"。该书的出版商本期望书能畅销，所以首印就是2.5万册。但是，据《时代》杂志报道：上市9天后，只卖出了1400册。我想，这意味着没人花钱去买杰森·布莱尔的那些谎话。

请相信这个

谈到信任时，怎么强调真实的重要性也不过分。《纽约时报》那篇

---

① 匹诺曹，意大利童话《木偶奇遇记》的主角，他是一个老木匠雕刻出来的木头人，由于调皮、不听话、有许多恶习，害得老木匠很可怜。——译者注

概括布莱尔欺骗行径的文章如是说："每份报纸，就跟每家银行和每个警察局一样，信任员工以确保自身的核心理念。但是调查发现，布莱尔先生多次违背新闻业的核心原则——简单地说，就是真实性。"

剥去人际关系的重重外衣，你会发现，其中最重要的因素不是领导、价值观、伙伴关系或其他东西，而是信任。没了信任，你们的关系就会有麻烦了。原因在于：

信任是一切关系的基础

在《领导力21法则》的"根基法则"中，我写道："信任是领导关系的基础。"在《成为领导者》中，沃伦·本尼斯写道："**诚信是信任的基础，它不是领导关系中原本就有的，而是要靠努力去获取。它是同事和追随者给予的，没了它，领导者就无法正常工作。**"

> 诚信是信任的基础……它是同事和追随者给予的，没了它，领导者就无法正常工作。
>
> ——沃伦·本尼斯

这不仅限于领导者和追随者，在所有的关系中都适用。建立信任跟盖大楼没什么两样，它需要花费时间，而且只能一砖一瓦地垒起。在建筑业，拆掉房屋比盖起来要容易迅速得多。但是，如果地基打得牢，建在上面的东西就不那么容易坍塌掉。

信任是一切关系的框架

一段关系也可以被形容为像一幅画。信任就是画框——它框出一个整体。有了它，我们欣赏画时才有背景。信任定义了界限。它确保画被钉在墙上，然后我们才能欣赏。信任"框出"了人的情感框架。

《变革大师》一书的作者威廉·M.博斯特给出他的观点，告诉我们人与人是怎么紧密联系在一起的：

> 信任是……言行一致的结果。当人们感到安全和放心时，也会产生信任。当想法和主意受到打击和奚落时，不消多久，你就意识到环境既不安全也不有利，你也容易受到攻击。只有给出非武断的、不加限定的评论，表达你的关切和参与，积极地去探询、聆听、理解并运用对方的观点，防卫性的气氛才会

被消除。

如果你想享受社交的美好，请用信任把它们"框"起来。

信任是一切关系的顶峰

当两个人完全信任时，这种关系在生活中是拿什么也不愿意换的。它登峰造极。作家兼维多利亚女王的私人牧师查尔斯·金斯利说过："不论男人还是女人，有一个完全可以信任的朋友，他知道我们的优缺点，并且不因我们犯错而抛弃我们——这真是人生一大幸事！"

赢得他人的信任

心理学家兼咨询师杰克·R. 吉布说道："信任是冒险后的成功收获。"多么经典的描述！当别人信任我们时，他们真的就是在冒风险。但是每次别人信任我们时，我们不让他失望，风险就在降低，关系就建立起来了。如果你想建立自己的可信度——最终得到良好的人际关结——那就记住下面 3 条真理：

1. 信任先从自我做起

莎士比亚写道："这是真理：对你自己真实吧，随后的事情，就像黑夜之后是白昼——你无法在他人面前虚伪。"如果你对自己不真实，你就不可能对别人真实。自欺欺人是人际交往的大敌，也阻碍个人的成长。因为一个人不承认自己的缺点，他就无法进步。

这一切又回到"明镜法则"。我们需要审视的第一个人就是自己。好好看看你自己。你在生活中对自己真实吗？你是一个可靠的人吗？你有没有心口不一？你遵守自己的诺言吗？如果你不能保证自己不背叛的话，就别要求别人信任你。先自我完善，然后再去建立联结。

2. 信任无法划分区域

我的作家朋友鲍伯·比耶的妻子谢丽尔·比耶说："生活中有一个事实，如果你不能全盘信任一个人，那就谈不上真正地信任他。"我相信这是真的。不幸的是，我认为当今的许多人都在为他们的生活划分区域。他们相信，在某些区域里"通融"一些或向价值观妥协，并不会影响到其他生活领域。但是，人的本性根本不容许你这样做，信任也是。

2003 年，我写了一本书，叫做《无所谓"商业"道德》。原因是你根本无法做到在生意场上有一套伦理规范，在个人生活上又有另一套。人性根本不允许。如果一个人要求你帮助他撒谎，那么千万别相信他瞅到空子时不向你撒谎。一个人能和你一起玩的把戏，单独时也会跟你玩。一个人的本性最终会渗透到他生活的各个层面。

3. 信任可以像银行账户一样存取

《同舟共济》一书的作者迈克·阿布雷肖夫说："信任就像银行账户——如果你想让数额增大，就得不停往里存钱。有时候，事情不那么顺利，你就得从里面取钱。与此同时，只要有钱在银行里，它就会为你辗转生息。"

迈克是在当海军军官时形成了这种观点。我是在当牧师时才体会到的。多年来，在领导力会议上，我告诉大家要在口袋里放点儿关系"零钱"。当你初结识某人时，彼此都很陌生。如果这个人大方可信，你一开始就有了些零钱。如果这个人多疑、出言不逊，你可能就一无所有。每次你采取行动去建立信任时，就是在往口袋里存一些"关系"零钱。每次你有消极行动时，就是在"透支"。如果你的消极行动多到一定程度——基于性格缺陷或能力不足——你就破产了。这也意味着双方关系的决裂。

这种动态过程在生活各个方面都有体现。在工作中，如果你跟同事花光了所有的零钱，他们就不乐意跟你一起工作了。如果你在老板身上花光了所有零钱，你就得另谋高就了。如果你跟朋友花光了所有的零钱，你就得在孤独中消磨时光了。如果你向配偶花光了所有的零钱，你们就得在离婚法庭上见了。

如果这对于你是一个新概念，你就得在每日结束时问自己几个问题：

- 我是不是在存钱？想想你生活中最重要的关系。你有没有值得信任的举动，可以帮你往"关系"银行里存钱？

- 我是不是在取钱？在这些重要关系中，你是不是在破坏彼此的信任。如果是，纠正过来。一刻也别耽搁，赶快做出如下恰当举动：

    1. 道歉。
    2. 问问自己为何破坏信任。
    3. 把做错的事纠正过来。
    4. 认识到破坏信任比建立信任容易得多。
    5. 记住：信任是靠行动恢复的，而非言语。

做这些事情不会给你赚来更多的"关系"零钱，但是可以停止损失，而且你还可能拯救关系。

- 我有没有增加自己的信任？杜克大学的首席篮球教练这样建议："如果你营造出一种沟通和互信的氛围，它就会演变为一项传统。老队员会在新队员中帮你建立信任度。即使他们并不都喜欢你，还是会说：'他值得信赖，把我们看成一个团队。'"你也可以做到，正如迈克·阿布雷肖夫所说，建立起很深的信任实际并没有存入额外的"钱"。但是，它需要你大量的时间和非凡的坚持。

1978 年，我作演说和咨询开始取得一点成功，拥有了大批听众。一天，我的朋友汤姆·菲利普跟我共进午餐，他说："约翰，你就要成功了。你爬得越高，越难看透别人与你交往的动机。我只想告诉你，我是一个值得信任的朋友。"

他真的是。当我在教会领域里从一个掌管全国事务的职位上摔下来，再次成为一个地方教堂牧师时，汤姆愿意接管我发起的一个组织，帮我运营，直至我能够东山再起接手过去。他总是给我良好的建议，既有深度又饱含智慧。在过去的 25 年中，当我的家庭遭遇困难时，他总是作为朋友和我们站在一起。

如果说我取得了什么成就，主要原因应该归功于身边有汤姆这样的人。我很幸运，有很多像他这样有才华的朋友。我愿意信任生活中"亲密圈子"里的每一个人。他们无条件地爱我，拥抱我的梦想，赞同我的价值观，把我的优点呈现给他人，维护我的利益，当我需要讲真话时，直言不讳，在艰难时刻支持我，在批评者面前维护我。如果没有他们，我成就不了任何事——即使能，也不想没有他们。

如果你不想信任别人，该怎么办？

在这一章里，我把重点放在"如何成为一个可信赖的人"上。但是，我也意识到，许多值得信赖的人在某一时刻也很难信赖他人。也许，有人破坏了你对他的信任。如果是这样，设法采取如下 3 步行动：

1. 原谅他们。因为道义在你这方，你可以对别人行使权力，但也别滥用权力。
2. 告诉自己，决不容许侵犯再次发生。原谅他人并不意味着纵容他们一而再、再而三地去伤害你。
3. 记住他们的好处。我们都有高潮和低谷。只有成熟的人才能始终以最好的一面去待人。

原谅他人是一大解脱。如果你乐意原谅，重新拾起信任，那么记住美国前国务卿亨利·L.辛普森的话："在生命的长河中，我学会的最重要一课是：让一个人可信的唯一途径是信赖他；让一个人不可信的好办法是不信任他并表达出你的不信任。"我刚才已经说过，信任他人是一种冒险，但这值得你去做。因为没有信任，就无法建立健康长久的关系。

勇敢一试吧！我并不是说你永远都不会受到伤害。这有可能。但是我敢说：如果你不敢尝试去信任他人，你永远享受不到人际交往带来的巨大快乐。

讨论问题

1. 不愿意去信任——如何影响到一个人建立联结的能力？对于患有"信任障碍症"的人，该做什么去改变这种本能的拒绝？

2. 如果一个人表现出不信任，对人际关系会有何影响？描述一下，关系在时光流逝中是如何中断的。有没有一段无望的关系？若没有，请做出解释；若有，请问你是如何知道的？你对各个领域——与朋友、与同事、与配偶、与子女——关系的答案都是一样的吗？

3. 想想有没有哪个人，你在他身上花掉许多"关系"零钱。说说你做了哪些事破坏了你们的关系。你能做什么来重建信任，并给"关系"银行存点钱？目前，阻止你采取这些行动的因素是什么？

4. 信任破裂并不总是性格因素造成的。有时候，是由于能力不足或缺少沟通。哪些情况会迅速地破坏掉信任？在哪种情况下，关系可以更快地恢复？请做出解释。

5. 假如一个人的"亲密圈子"里有不值得信赖的人，会出现什么情况？这对其成功有何影响？对其性格有何影响？如果有这种人，改变他们有多难？该采取何种措施，来重新建立"亲密圈子"？

困境法则

永远不要把困境
看得比关系更重要

解决困难比破坏关系更有益。

扪心自问：我是不是有时把困境看得比关系更重要？

如果你一生有机会去实现自己的梦想，崛起，成为业内精英，成为冠军，你将怎么做？如果有一个人站在你和目标之间，挡住了去路呢？你如何在这种处境下，争取最佳战绩？你会抓住这一刻吗？如果挡在你前面的人是你的姐妹呢？

姐妹行动

这就是塞丽娜·威廉姆斯面临的困境。如果你是一个网球迷，你就知道我说的是谁了。但是，即使你不爱网球，也有可能听说过威廉姐妹或是看过她们做的运动鞋广告。

维纳斯·威廉姆斯和塞丽娜·威廉姆斯是网球神童。其父理查德说：当他在电视上看到 1978 年的法国网球公开赛中，女子网球冠军拿到一张大支票时，他就决定：如果他跟妻子再有孩子，就让她们成为职业网球运动员。1980 年，维纳斯出生了；次年，塞丽娜出生了。维纳斯 4 岁时，理查德·威廉姆斯开始在加州康普顿市的公园里教她玩球。一年后，塞丽娜加入了这个行列。

女孩们很早就崭露头角，所到之处无往不胜。1991 年，维纳斯在南加州 12 岁以下女孩赛段的比赛中，经过激烈角逐，获得第一名；塞丽娜夺取了 10 岁以下赛段的第一名。但是，没让她们在少年网球队（这通常是通往职业运动员的老路）里待太久，理查德就让她们退了出来，举家迁往佛罗里达，为女孩们注册了最好的网球学院——在那里，她们一练就是 4 年。

1994 年，维纳斯成为职业运动员，理查德安排她参加了第一次正规比赛。第一场赢了，第二场输给世界二号女选手。当记者问维纳斯这次失利与以前的胜利相比感觉如何时，这位青春少女说不知道——因为她以前从来没输过！第二年，锐步①跟维纳斯签下几百万美元的广告合约。到 1997 年底，她在世界上排名第 64 位。与此同时，塞丽娜也赢得了声誉。16 岁时，她就逼近世界前 100 位。

成长过程中，两个女孩一起训练，一起练习，一起打球。年长的维纳斯处处占上风。但是，在职业锦标赛中，她们还从未作为竞争对手出

---

① Reebok，美国运动鞋制造商。——译者注

现在同一赛场上。1998 年，事情不可避免地发生了。在澳大利亚网球公开赛的第二轮比赛中，两个女孩遭遇了。不出所料，维纳斯赢了。

击败塞丽娜后，维纳斯说："淘汰我的妹妹并不好受，但是我必须硬下心来。赛后，我对她说：'我很抱歉必须把你踢出局。'因为年长，我觉得我应该赢。"

威廉姆斯姐妹继续生活在一起，一块儿训练。她们联手打过双打，赢了。1999 年 3 月，在利普顿锦标赛的总决赛中，姐妹俩又遭遇了。这是一个大事件——自从 1984 年沃森姐妹在温布尔登打比赛以来，这是第一对姐妹俩在职业女子网球比赛中争夺冠军。维纳斯说："我们一路打过来，不可避免地要对阵决赛。将来也是不可避免地要再遭遇。"维纳斯又一次赢了。

追求卓越

但就在同年，塞丽娜品尝到了巨大的成功——她赢了美国的网球公开赛——这是第一次姐妹俩各赢了网球大满贯赛事。塞丽娜已经准备好跃上一个新台阶，她说："我厌倦了输给本该打赢的人。不管我的潜力如何，我想达到它——就是现在。如果我做了，就得把维纳斯看成最大的对手。"

1999 年 10 月，离 18 岁生日不到一个月，塞丽娜终于做到了。她首次打败了自己的姐姐，赢得了慕尼黑大满贯杯比赛。此后，她又击败维纳斯许多次。2002 年，塞丽娜成为世界头号网球选手。2003 年，她跟运动鞋制造商耐克公司签订了女子运动史上最大的一笔合同——4000万美元的广告合约。

这些竞争对她们的关系有何影响？她们有没有产生敌意，彼此仇恨？答案是没有。跟她们的孩提时一样，她们还是最好的朋友。旅行时，她们总是住一个房间。当塞丽娜错过了 2004 年的澳大利亚网球公开赛时，维纳斯谈起自己是多么想念妹妹。

"家庭第一，不管我们要多少次对阵。"塞丽娜说，"什么也不能离间我和姐姐。"名声不能，金钱不能，头衔也不能。她们永远不把处境看得比关系更重要。

你会怎么做？

生来就是姐妹，这是维纳斯和塞丽娜无法选择的事情。我们中的大多数也无法选择自己的家人，可是我们可以选择如何对待家人。我们可以选择去维护家庭关系，或者是忽略它。我们还得正视一个事实：每个家庭都有一个"刺儿头"，让家庭关系很紧张。如何对待这个人，也是我们的选择。

许多人希望关系能够一帆风顺，这太天真了。想想婚礼誓词是怎么写的吧，它是这样说的：

> 我接受你作为我合法的妻子，拥有你，照顾你。从今往后，无论顺境或逆境，富裕或贫穷，快乐或悲伤，健康或疾病，我都会爱你，疼惜你，直至死亡把我们分离。在此，我用誓言向你表明诚意。

婚礼誓词认为生活是艰辛的，这样或那样的困境（伤心、贫穷、疾病和困难时刻）会出现，导致分离。问题是当艰难时刻到来时，什么东西对我们更重要：是困境本身，还是我们的关系？

花点时间想一想你身边的人际关系。现在，看看下面两栏，决定用哪些词来形容你的人际关系最为恰当：

易变的	或	稳固的
欺瞒的	或	坦诚的
自私的	或	为对方考虑的
折磨人的	或	令人振奋的
提心吊胆的	或	心安理得的
操纵人的	或	敞开怀抱接受的
有条件的	或	无条件的
易破裂的	或	紧密联系在一起的

左边一栏描述了困境来临时关系的变化。右边一栏描述了双方的关

系有坚实的基础，丝毫不受环境的影响。

先做决定

在我的《今天最重要》一书中，我肯定了成功人士总是早做正确决定，并在每日生活中实践。这对价值观、优先权、财务、信仰、健康都适用——尤其对人际关系。维护亲密的关系是一项重要决定。离婚率如此之高的一个原因是：当许多人走进婚姻殿堂时，一开始就对两人关系缺乏坚定的承诺——永远不让境遇的变迁来破坏它。

在此，请允许我澄清一下。的确，在一些生死攸关的问题上，关系只能放到次要地位。如果一个伙伴自虐，另一个就得考虑他或她的安全。然而，大多数破裂的关系中还是不存在什么虐待问题的。当有些人发现自己必须花大力气来维护关系时，就必须做出个人牺牲，否则，他们就始终感觉"不高兴"，最后从中撤出。

> 成功人士总是早做正确决定，并在每日生活中实践。

有些人通过其他方式违背了"困境法则"。他们不会放弃关系，相反，他们是待在那里破坏它。他们把处境看得比关系重要。谈到这一点，我有些内疚。作为一对十来岁孩子的父亲，我常常把工作看得太重要，对孩子漠不关心，导致我们的关系很紧张。在婚姻中，我也违背了"困境法则"。我曾说过，刚结婚那阵儿，我是如何在争论中力占上风，伤害妻子玛格丽特的。在工作中，作为领导，我还被环境蒙蔽做出过错误的判断，结果伤害了一些下属。

任何时候，只要一个人把处境看得比关系重要，都基于一个原因：不明智。当我错待家人时，这说的就是我。这对领导者也是。如果你违背了"困境法则"，你也不明智。人永远比单纯的事要重要。不论是财富、职位、权力还是日程都是暂时的，而人却是永远的。

如何正确地对待困境？

要想做出明智的选择，不把处境看得比关系更重要，你可以问自己几个问题。我建议从下面 5 个问题问起：

1. 我看到"全景"了吗——还是只看到坏的一面？

当关系遭遇波折时，我们首先要问自己，为什么这段关系对我们如此重要？孩子考试不及格，配偶忘了做我们交代的重要事情，或者是好朋友辜负了我们，这都让人愤怒和失望。但是，放到长远和全局看一看，这有什么呢？你愿意拿什么来交换你的孩子、配偶和朋友吗？没有比他们更重要的了。

2. 沟通时，有没有让"批评"和"全景描绘"协同作战？

小时候，父母总是积极地用"全景法则"来跟我交流，即使我做了坏事，需要改正和约束。当我罪有应得时，他们可能打我屁股，惩罚我，但他们总是告诉我他们爱我。当我懂事时，就跟我解释他们那么做的原因。可是，当时我并不领情，但后来我意识到，这种做法让我在跟父母相处时很有安全感。谢谢他们的明智，让我从来没有丢失"全景"，即使以前做过很多坏事。

3. 目前的情况是一次性的，还是会经常出现？

一次性的跟经常出现的情况之间有很大差异。两者都影响关系，都需要人为的努力。但是，"复发症"需要所有当事人共同努力去维护，并最终扭转这种局面。

譬如说，如果丈夫或妻子犯了个"一次性"的错误，对家庭财政造成"重创"，这种难关相对容易渡过。但是，如果一方总是超支，让俩人越来越深地陷入债务泥潭，这就需要双方共同努力——一方面维护好关系，另一方面改变做法——来使婚姻维持下去。

4. 我是不是把很多情况看成"你死我活"的争斗？

北卡罗来纳州前任首席篮球教练迪安·史密斯说："如果你把每场比赛都看成你死我活的争斗，那你会'死'很多次。"换句话说，我们要对战斗有所选择。

如果你是或曾当过十来岁孩子的父母，你就会从经验得知这是真的。如果你把每个问题都看得值得"打上一架"，那你会跟孩子打上无数架，最终导致关系疏远。

如何知道你是不是把太多的情况看成"你死我活"的争斗呢？请回答下面的问题：

- 你是不是经常感觉紧张和难过？
- 你是不是经常在跟别人说话时不自觉地提高嗓门？
- 你是不是经常为个人权利或其他什么权利争夺？

如果这些情况日日发生，那你就不太明智了。总是处于紧张焦虑的状态会让生活变得没质量，而且也不利于跟别人建立和发展起健康的关系。

5. 在困境中，我有没有表现出自己无条件的爱？

朋友提姆·埃莫尔跟我讲了女孩迪安娜的故事，她是一个优秀的高中生，经常拿高分。作为一名大学预备级的学生，她报名上了一门化学课，学得很用功。但是不知何故，这门课就是学不好。生平以来第一次，她考试不及格。

幸运的是，迪安娜有一位善于鼓励的老师。他相信她，知道这糟糕的成绩有点反常。他很肯定，她会在大学里学好的，但是烦扰他的是要在她的成绩单上打上一个不及格。他是怎么做的呢？他不能违背良心给她一个及格。于是，在她的不及格打分的边缘空白上，他写道："我们不能都成为化学家——但是，噢，我们多么希望都成为迪安娜。"

在亲密关系中，每个人某种程度上都面临着这样或那样的困境。但不是每个人都能把棘手的问题处理好。如果你能够在痛苦和两难中向亲密的人表达你的爱，那么你就大大地增加了关系的稳定性。

在我的生命中，母亲劳拉·麦克斯韦尔把"困境法则"执行得最好。她在日常生活中，向我表达无条件的爱；无论发生什么事，我都愿意跟她谈。当我还是个孩子，处于最调皮最惹人嫌的年龄时，她经常在我离家上学时对我说："约翰，我总是希望你做对事情。但是，不管你干了什么，要记住妈妈还是爱你的！"

　　我总希望能够更像母亲一些。也许，在你生命中也有某个人，你更希望像他（她）一点。做出决定吧，让你们的关系能够超越环境的影响。如果你做到了，你就会在双方关系中建立起更深的信任，把灵魂的交融提升到全新的高度。

讨论问题

1. 生活中的哪些压力常常使人们把关系放到了不该放的次要地位？你是否倾向于允许压力破坏关系？如何改变，才能打破这种不健康的模式？

2. 在什么情况下，关系理所当然地应居于次要地位？此时，如果一个人不分清优先轻重，会招致什么后果？

3. 你是否认识某个人，他在每件芝麻粒大的小事上都得争个你死我活？如果有，结局是什么？要想跟他（她）建立起良好的关系，会是什么样？有没有可能跟这样的人保持良好的关系？请做出解释。

4. 想一想有没有在一段重要关系中，你为环境所迫，采取了不光彩的行动？结果怎样？你曾修复这段关系吗？你道歉了吗？现在，你能够做什么来改善或修复这段关系？

5. 你跟直系亲属之间的关系是生命中最重要的关系。这些关系对你来说意味着什么？（如果你以前从未用笔写下这些想法和感觉，现在就去做。）下次，当你面临困境时，如何运用这些想法来做出明智的选择？

鲍伯法则

当鲍伯跟每个人都有问题时，鲍伯通常就是问题所在

在传染患病者的眼里，到处都是病菌；
在充满敌意的眼里，到处都是偏见。

扪心自问：我是鲍伯吗？

1988 年6月23日，比利·马丁被纽约扬基队（美国全国棒球协会成员）从队长的位置上解雇了。棒球队长什么时候都会失业，所以这也许不像一条新闻。然而，情况不同的是：马丁作为扬基队长已是第五次从宝座上被撵下来啦！

纽约扬基队：我们遇到了麻烦

你认不认识一个人，不论他走到哪里，麻烦总是跟着他。这正是比利·马丁遭遇的问题。1950年，马丁被召入扬基队打二垒，从此加入了全国最强的一个队。此时，他——作为257尺的职业击手——抓住了命运的机会。1953年，他在世界职业棒球大赛中的表现令人瞩目，获得"最佳选手"称号。在为扬基队打球期间（1950—1957年），只有一年（1954年）他们没有夺到"锦旗"①，那一年，马丁正在军队中服役。

除了这些成功，马丁的生活并不是一帆风顺的。问题在于，他好像跟别人没法相处。为扬基队效力7年后，他被赶走，罪名是在夜总会里大打出手，牵涉到其他扬基队员。这不是他第一次打架，也不会是最后一次。

离开扬基队后，马丁4年内为6家棒球队效力过：体育家队、猛虎队、印第安队、红人队、勇士队和双胞胎队。1961年，他退役了，转做教练。1969年，他成为棒球队队长。但是，不论他去哪儿，麻烦总是追在屁股后面。他因打架而打成了名人。首次记录在案的打架发生在1952年，后来就多得数不过来了。《早间新闻》的主持人西蒙·托拜厄斯这样描述马丁：

> 马丁把早年当运动员时打架酗酒的习惯带到了当队长的生涯中。1969年，当他带明尼苏达的双胞胎队时，痛揍了明星投手戴尔·博斯韦尔一顿，并因此被开除。1974年，带得克萨斯巡警队时，在一场争论该给队员妻子组建何种俱乐部引发的斗殴中，马丁又把64岁的老随行秘书撂倒在地。1977年，

---

① 职业棒球队获胜的旗帜。——译者注

被扬基队雇回来当队长后，马丁让这个队赢得了世界冠军，但是，在一场全国转播电视比赛中，在队员休息室里他跟里金·杰克逊干仗，于是再次被开除。1979 年，他又回到明尼苏达双胞胎队当队长——这次，他居然打了一个糖果推销员！

80 年代早期，这些事对马丁来说是家常便饭。雇佣、解雇，再被扬基队聘用……每次，马丁都是因为酗酒和打架丢了工作。他带出来的队总是赢，但跟马丁在一起生活的代价也太高了。扬基队的明星队员罗恩·吉德里这样评价自己的队长："如果你接近得法的话，比利·马丁还行。可是我根本就不敢近前。"

因为对裁判无理，马丁经常被从赛场上逐出或被停牌。他跟自己的老板（球队拥有方）也处不好。（有一次，他要求续约 5 年，得到的却是一纸解聘通知书。）曾获普利策奖的体育专栏撰稿人吉姆·默里这样形容马丁："有些人肩膀上扛着大棍，比利却是把整个伐木场都扛来了！"

在我看来，他就像个鲍伯

在我所说的"鲍伯法则"中，比利·马丁就是个典型的例子。几年前，我发现了一个人际关系方面的真理：如果鲍伯跟比尔有问题，跟佛瑞德有问题，跟休有问题，跟简有问题，跟萨姆也有问题，那么鲍伯通常就是问题本身。

比利·马丁好像跟每个人都有问题。他参与的扭打比一些职业拳击手还要多！然而，他从来不觉得自己有哪儿不对。马丁说过："我相信，如果上帝做过管理，他一定也很狠，就跟我管人的方式一样。"那么，他对自己被这么多队开除有什么看法吗？他的答案是："我被开了，是因为我不是应声虫。这个世界充满了应声虫。"

当然，并不是每个鲍伯都跟比利·马丁一样同人打架。（也不会从同一个职位被开除 5 次。）但凡一个人违背了"明镜法则"，他就有可能跟别人建立不起友好的关系。一个鲍伯却把事情的严重性提到新的高度。他不仅给自己制造问题，还给遇到的每个人制造问题。如果你遇到一个鲍伯，你能认出他吗？参照以下的 4 大特征：

1. 鲍伯是问题携带者

世界上的鲍伯们到处携带问题，这些问题会影响到他人。我刚入行没几年，就对此有了认识。在每月的董事会议上，一位董事提出来，说圣会的某个成员对我正在做的某些事不太满意。立刻，就有三四名董事附和，说他们听到同样的抱怨。我的第一反应是我应该反思。反思过后，我不认为自己做错了什么。但这么多人对我不满意，那我就应该好好地思考一下了。

此类事情再三发生后，我做了一个决定。我跟董事会交涉，并达成一致：如果哪位董事听到抱怨，他应该把抱怨人公布出来。

下次再开会的时候，一位董事说出他听到的抱怨，好几个人证实也听到同样的抱怨。当第一位董事说出抱怨者的名字时，其他人道："在我面前抱怨的也是这个人！"

我感觉我跟故事里的老农一样，陷入了同样的处境。老农到饭店老板那里，问他要不要买 100 万只青蛙腿。老板问他哪儿来那么多青蛙腿时，老农道："我家有个池塘，里面全是青蛙。它们白天黑夜地叫，弄得我都快发疯了。"然后，他们约好，老板订购 700 只青蛙腿。一周以后，老农来了，手里只提了 4 只瘦兮兮的青蛙腿，一脸的傻相。"我想我错了。"他嗫嚅地说，"我找遍了池塘，只有两只青蛙。可是，它们的确是吵得翻天！"

当晚，我悟出来一些道理。不仅是我们圣会里有个不甘闭嘴的人，更是"问题携带者"把毒液喷得到处都是。你能想到吗？在接下来的几次会议上，只要有恶意的批评，我们发现又是那个抱怨者在搞鬼。如果你是一个领导者，有人告诉你"到处都在抱怨"，那就去找出源头。说不定，只是一个人在散播那么多的怨言呢。

2. 鲍伯是问题发现者

鲍伯还喜欢发现问题，并在别人面前卖弄。他是奇泽姆第二定律（Chisholm's Second Law）的忠实信徒，那就是："要是一切看起来顺利，一定是哪儿疏忽了。"

鉴于有些人喜欢干这种事，我就对员工做了一条规定：如果有人提出问题，他一定要准备好3种可能的解决方案。发现问题

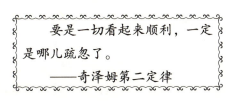

要是一切看起来顺利，一定是哪儿疏忽了。
——奇泽姆第二定律

并不需要什么大本事。实际上，你只要足够挑剔，哪儿都能发现问题。解决问题才需要大智慧，可惜大多数的鲍伯们没有兴趣去做。

3. 鲍伯是问题制造者

鲍伯总是制造问题，还喜欢把别人也牵扯进来。就像那个老掉牙笑话里的主角，在朋友面前吹嘘："嗨，我的家族有光荣的好战传统！我的曾曾祖父在邦克山（Bunker Hill）上坚守阵地；我的曾祖父英勇参军，消灭德国人；我的祖父守卫了珍珠港；我的父亲去打北朝鲜。""感谢主！"一个朋友回应道，"你的家人难道就不能跟人好好相处吗？"

我告诉自己机构里的成员，每当他们遇到鲍伯或其他制造问题者时，有两种做法。每个问题制造者就像一个点火器。我们中的每个人都可以提着两只桶：一桶装着汽油，一桶装着水。当我们看到问题的火花被点燃时，我们可以拿水去浇灭，也可以往上面泼汽油——让它烧得更猛。如果我们想控制鲍伯带来的破坏，就得选择用水。

4. 鲍伯是问题接收者

鲍伯通常从别人那里接收问题，还鼓励别人向他倾吐更多。当然，有时候这个人可能是波比①而不是鲍伯。几年前，我认识的一家机构有位女员工（我喊她"贝特"）就是这种人。浇熄几次火后，上司发现问题大大小小总是跟贝特有关系，就把她叫进办公室，谈谈话。他历数发现的问题，她承认有自己的份儿，然后就一起讨论。

"别人总是把问题带给我。"她说，"我又没张口问，可是他们会直接说。"

"你想知道原因吗？"上司说。

"是的，我想知道。为什么呢？"贝特点头。

---

① 鲍伯的女性称呼。——译者注

"人们把你看成一个垃圾池。"上司说,"垃圾车装满了垃圾总得找一个地方卸下;有问题的人总得找个对象把怨言、闲话和抱怨都倒出来。因为你允许别人往你身上倾倒而不加阻止,他们就当然一直找你喽。只有你开始拒绝,他们才会不来。"很遗憾,贝特后来并没有改变。她继续让人靠着她的桌子,向她兜里倾吐情感的垃圾。

如何对付鲍伯?

如果你生活中有一个鲍伯或波比——问题的发现、制造和传播者——该怎么办?考虑一下如下的建议:

用积极的评价去回应

如果一个反面人物想把问题塞进你兜里时,请用积极的东西来回应。如果评价是关于某种情况的,想法去发现好的一面。如果是关于一个人的,那就说说你观察到的这个人身上的优点。

表达你对被批评者的关切

任何时候,一个人的动机受到批评,最好的办法就是对此表示怀疑。没人能够看透别人的心理,这事儿只有上帝才能干。请相信别人最好的一面(并且表达出来),除非是这个人已向你证明他是个坏蛋。

鼓励找到问题的解决方案

任何时候,当一个人把他跟别人之间的问题——处于尚未解决状态——带给你时,他就是在传播流言。如果你听了,你也是。

对待流言的最好办法是,让抱怨者同与他结怨的人好好谈谈。鼓励他们面对面,把事情弄个明明白白。如果他又带着问题来见你,直截了当地问:"你跟他把事儿解决了吗?"如果没有,拒绝跟他谈。

要求鲍伯"三思而后张口"

不是每个人都会积极地采纳你的建议。但是,如果你跟鲍伯很熟或者是你居于主导地位,那就要求他在张口之前好好想一想。用下面的5个"思考"问题作为引导:

1. 这是真的吗？
2. 这有用吗？
3. 这让人振奋吗？
4. 这样做有必要吗？
5. 这样做好不好？

如果他的答案是肯定的，那么他就可以继续。

把鲍伯和其他人隔离开来

对于如何跟"问题人士"打交道，全美棒球协会前队长凯西·施腾格尔有一些绝妙建议。他说，对于大多数运动队，队长会有 15 个对自己死心塌地的运动员，5 个对自己怀恨在心的，5 个对自己既不讨厌也不喜欢的。他认为，关键要让那 5 个恨自己的远离那 5 个"中立"的。

如果你手下也有一两个鲍伯——你又不能或不想把他从团队里剔除——那就孤立他，进行危机控制。别让"一粒老鼠屎坏了一锅汤"。

如果你就是鲍伯，那该怎么办？

前面，我讲了许多如果你的生活中有个鲍伯，你该怎么办；但是，如果你自己就是鲍伯呢？如果你还不肯定，那就问问自己如下的问题：

- 我是不是几乎每天都跟人有冲突？
- 人们是不是常错待我？
- 坏事是不是常常主动找上门来？
- 我是不是没有朋友，很希望自己能有几个？
- 我是不是经常说错话？

如果有几个答案是肯定的，那你就有可能是鲍伯（或者"波比"）了。如果这是真的，那就记住"漏洞第一法则"：**当你已有漏洞时，不要让它变大。**

首先，你要做的是承认自己是鲍伯。然后，你必须改变你的生活方式。你不能像那个莫勒太太，她因谋杀三任丈夫而受审。律师问她："你的第一任丈夫是怎么死的？"

"他死于蘑菇中毒。"莫勒太太回答道。

"第二任丈夫呢？"律师又问。

"也是死于蘑菇中毒。"莫勒太太答道。

"那么，好吧。"律师又问，"你的第三任丈夫呢？"

莫勒太太回答道："他死于脑震荡。"

律师吃惊："这是怎么回事？"

莫勒太太答道："他不愿意吃蘑菇。"

改变并不容易，而且没有捷径可走。《穿越黑暗》一书的作者尼尔·安德森说：

> 研究发现，在普通的家庭里，一个孩子平均受 10 次批评才会得到 1 次夸奖。学校里也只比这好一点点：孩子们每听到老师的一次夸奖，平均要挨 7 次批评。毫不奇怪，为什么这么多孩子在成长过程中总觉得自己失败。父母和老师在每天谈话中传达给他们这种讯息。研究还发现，需要 4 次夸奖才能抵消 1 次批评带来的负面影响。

开始遵照我给出的方法行动吧。在张口之前，想想那 5 个"思考"问题。在每种情况下，尝试去看到好的一面，并且要求别人让你对自己的言行负责。没有人非得永远都当鲍伯。

讨论问题

1. 为什么闲言碎语对许多人有吸引力？你能分辨出别人告诉你的哪些话是流言吗？如何行动，才能有效阻止别人向你说闲话？

2. 想想，上次是什么时候，你面临着人际关系危机？你是如何回应的？问题是解决了，还是继续堆积？你能说出自己是"火上浇水"了呢，还是"火上浇油"？原因何在？你能够处理得更好一点吗？

3. 是不是每个在你面前提出问题却没有提供解决方案的人都是鲍伯或波比？这些问题在多大程度上是态度问题，还是缺乏培训、能力不足？当你已经反复要求别人找到解决方案，却总有个把人只提问题、不拿方案，这时，你该怎么办？如果你纵容这种行为，会出现什么结果？

4. 过去，当朋友或同事过来告诉你有人对你心怀不满时，你是怎么处理的？结局好还是坏？对关系有什么影响？将来你会如何处理？

5. 你觉得敢于质疑、相信别人的动机是好的难不难？为什么？假定一个好人居心不良，和假定一个坏人动机良好，哪种结果更糟？你在这方面所持的态度对人际关系有何影响？将来你会如何行动？请解释原因。

亲和力法则

自我放松，有助于别人
跟我们在一起时也放松

让别人觉得放松，是我们能够给予的最好礼物。

扪心自问：我的朋友会说，我是一个容易打
交道的人吗？

你以前见过名人吗？是怎样的情形？令人万分激动，还是出乎意料的平淡无奇？你感觉失望，还是比你预期的要好？你跟这个人建立起联结，还是被他（她）当作挥之不走的苍蝇？或者是你非常害怕，以至于不敢跟他（她）搭话？其实，不论是跟凡人还是名人，第一次见面印象的好坏，很大程度上取决于他是否具有亲和力。

我们都遇到过冷冰冰、拒人于千里之外的人。我们也都遇到过刚认识就把我们当做老朋友的人。这不是一个只与高层人士接触时才会遇到的问题。你生命中最重要的人是不是容易接近？当你需要问老板问题时，容易张口还是难以启齿？当你需要跟配偶讨论一个艰涩话题时，双方是会好好谈谈，还是会打上一架？你能不能跟好友挑起一个棘手问题，而无需担心关系破裂？

在这个问题上，你自己是怎么做的？最亲近的人和你无所不谈吗？上次是什么时候别人向你说了一个坏消息？或者是在某个问题上跟你吵得不可开交？或者是把你做错的事摆在你面前？如果已有一段时间，说明你可能是一个不那么容易接近的人。

有些人认为把自己变得容易接近是毫无意义的，但是，如果你愿意花精力去培养起这种品质，那可是一件大好事。实际上，你得到的也不止亲和力本身。它是一个人"关系工具箱"里最有力的武器。下面就是一个例子，有人用这种品质每年给自己赚来1200万美元呢！

谁都能与之交谈的人

奥普拉·温弗里称她为自己的偶像和导师。几十年来，她是电视业收入最高的新闻名人，赚的比彼得·詹宁斯、丹·拉瑟、汤姆·布罗考以及其他人都多。她还得过数不清的艾美奖，皮博迪奖[1]，海外新闻协会的奖项，国际广播电视协会年度最佳主持人奖，美国国际电视艺术和科学学院的终身成就奖；获得过数不清的荣誉；并且还走进了电视艺术和科学学院的名人堂。她主持的节目已经连续播了20多年。1999年，她对莫妮卡·莱温斯基进行首次公开采访，这是10多年来收视率最高的新闻周刊节目。她就是芭芭拉·沃尔特斯。为什么她赚到那么多钱？

---

[1] 即美国广播电视文化成就奖。——译者注

那是因为几乎每个人都能在她面前畅所欲言。她是美国最具有亲和力的新闻节目主持人。

暗淡的早期

当芭芭拉·沃尔特斯初入行时，没有几个人能想到她后来会光芒四射。沃尔特斯自己这样说："我是那种别人不看好的人。我有浓重的波士顿口音，老是发不清'r'音。我又不是一个美人。"从莎拉劳伦斯学院拿到英文学位后，她就工作了，以帮助经济上捉襟见肘的家庭。她先是当秘书，后来为《杰克·帕尔独角戏》和《范戴克摇滚音乐剧》节目写剧本。1961年，她得到机会为《今日》节目写文案和做调查。3年后，她开始走到镁光灯下，成了一名"今日女郎"。

在随后的13年里，沃尔特斯在新闻领域树立了声誉。1972年，尼克松总统进行了历史性的访华，她是为数不多的几个受邀随行记者。1976年，她成为晚间新闻节目的首位女导播。但是，她最大的成功还是作为采访者。实际上，沃尔特斯写过一本书，名字就叫《如何让别人畅所欲言》。

在电视历史上，沃尔特斯比其他记者采访了更多的政治家和明星。她采访过自尼克松以来的所有美国总统。她争取到对埃及总统安瓦尔·萨达特和以色列首相梅纳赫姆·贝京进行首次联合采访。她还采访过江泽民、鲍里斯·叶利钦、玛格丽特·撒切尔等国外领导人，以及亚瑟·阿拉法特、萨达姆·侯赛因、穆阿迈尔·卡扎菲以及菲德尔·卡斯特罗这些人物。她可以跟自己想谈的任何影视明星说上话。

沃尔特斯栏目的制片人比尔·格迪说："她有一套方法，多年来已练得炉火纯青，可以让人公开谈论自己本来不想说的事。"沃尔特斯说，她最喜欢采访那些正在遭遇重大不幸的人，如：史蒂文·麦克唐纳——一个瘫痪的警察；戴夫·德拉维基——棒球投手，现在被诊断患了癌症；克里斯多弗·里夫——演员，现在四肢瘫痪。据说，沃尔特斯作为采访者，技巧来源于照顾残疾姐妹杰奎琳时产生的同心感和同情心。这无疑很有帮助，但是，归根结底还是两个字——信任。人们信任沃尔特斯，所以愿意向她诉说。

千万别错过

因为不愿意使自己有亲和力，人们失去了许多建立联结和使关系更进一层的机会。注意，我故意用了"不愿意使自己"这几个字。亲和力跟人是大胆还是胆怯没啥关系。它只跟你如何表现和向别人传达何种信息有关系。

几年前，我读到一篇文章，题目是《相处的艺术》，里面这样说：

> 一个人如果明智，迟早会发现人生是由快乐和悲伤、胜利和失败、给予和接受组成的。他知道，生气不需要花钱买，有些东西应该从头脑里抹去，就像水滴从鸭子背上滑落一样。他知道，脾气失控常常导致失败；时不时地，每个人都得吃烤焦的面包当早餐；不应该把别人的抱怨看得那么严重。

> 他知道，肩膀上扛着棍子，会很快招致麻烦；让自己不受欢迎的最快办法，就是闲言碎语，飞短流长；推诿责任的人，最终会自食其果；只要能把事情办好，功劳属于谁其实没有那么重要。

> 他知道，多数人跟他一样胸怀大志，一样聪明，或者是脑子更好使；但是，是努力而非聪明，帮人最终取得成功。他知道，没有人单凭自己就可以站到一垒的位置，只有协同作战，才能达到巅峰。

> 他知道，相处的艺术，有98%的取决于他如何对待别人。

如果你想让自己令人愉悦，具有亲和力，那你就得让别人放松。方法如下：

如何让别人放松

想一想你遇到过的那些容易接近的人，我相信你会发现他们通常表现出以下7种品质：

1. 热情——他们真的喜欢人

当一个人不喜欢别人时，你总能够发现。相反，当一个人真心关心别人时，也能够感觉得到。他们热情、友善。恰如克里斯琴·博维所说：**"友善是一种语言，可以从哑巴口中说出，也可以让聋子听明白。"**

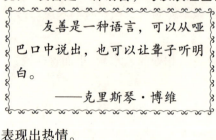

友善是一种语言，可以从哑巴口中说出，也可以让聋子听明白。

——克里斯琴·博维

在《史努比》连环画里，查利·布朗以小狗的口吻写道："我喜欢人类，只是不能忍受人。"要想让人亲近，不能光从理论上爱人，还需要对遇到的人表现出热情。

2. 欣赏彼此的差异

我得承认，有一段时间，我对那些跟自己不一样的人缺乏耐心。我倾向于看不起那些不如我的人。后来，我读了弗洛伦斯·妮蒂雅的著作《性格解析》。这本书真的打开了我的视野。我是跟妻子玛格丽特一起读的，当读到彼此的缺点时，我们一起大笑；读到优点时，我们又互相庆祝。当读到书中描绘的每一种性格类型——完美型、力量型、活泼型和和平型——时，我们又拿它来审视朋友、家人和自己。

从此之后，我看人的眼光变了，我最终明白了"不一样"是对的。我开始真正地去欣赏别人和他们的优势。我可以更好地面对自己的缺点，明白人与人之间是怎样互补和互助的。这不仅使我更喜欢别人，也让我自己变得更招人爱了。欣赏别人跟你之间的不同，也会给你带来同样的效果。

3. 情绪稳定

你曾经跟或者是为一个喜怒无常的人工作过吗？大家每天早晨蹑手蹑脚地走进办公室，第一句话就是小声地问同事："他今天怎么样啊？"跟这样的人一起工作，你永远不知道会遭到何种"礼遇"。结果是，这种人永远让人无法接近。

与此相反，容易接近的人展示出一贯的状态。他们情绪很稳定，可预知。你知道自己会得到什么，因为每次与他们见面时，他们基本上是一样的。

4. 察觉对方的感受

　　容易接近的人情绪很稳定，但这并不意味着他们要求别人也一样稳定。他们认识到，别人的情绪跟自己的是不一样的。于是，他们就经常去捕捉他人的情绪和感觉，迅速调整自己的反应。他们就像一艘帆船的船长，见风使舵，并根据实际情况调整航向，以到达目的地。

　　爱尔兰小说家乔治·摩尔认为："想法可以今天来、明天去，但感觉始终伴随着我们。凭着本能，我们可以立即感知到那些与我们心灵相通的人。"当人们感觉到别人跟自己有共鸣时，他们就容易敞开心扉——因为对方看起来那么容易亲近！

5. 理解别人的弱点，并暴露出自己的缺点

　　没有什么比一个人处处在别人面前装完美更令人不悦的了。记得有一次自己在会议上主讲，我劝告与会的领导者在下属面前承认自己的不足。休息期间，一位男士走过来，说他并不认为我的建议是好主意。

　　"那不是让别人不敢指望我了吗？"他说。

　　"不，不会的。"我答道，"你看，你是在他们不知情的前提下这样说的。"

　　作家兼编辑埃德·豪给予我们明智的建议："**时不时地表达出你的拙见，可以让朋友们觉得你会讲真话。**"容易亲近的人总是真实地面对自己的能力——还

> 容易亲近的人总是真实地面对自己的能力——还有缺陷。他们很希望听到逆耳的忠言。

有缺陷。他们很希望听到逆耳的忠言，也很会自我解嘲。他们喜欢这句中国老话："自嘲者不会让人见笑。"因为他们能够承认自己的错误，所以也能容得下别人的缺点。

6. 喜欢原谅别人和请求别人的原谅

　　容易亲近的人往往很谦逊，因为他们了解人性的弱点，也愿意暴露

出自己的弱点。正因为谦逊，他们会迅即地请求别人的原谅，也很容易原谅别人。

作家兼教师大卫·奥格斯伯格写道："**我们追求的东西并非十全十美，我们的尝试也并非没有错误，我们得到的结果总会有这样那样的缺陷和不足，于是，我们要靠原谅去拯救。**"

7. 值得信赖

每当芭芭拉·沃尔特斯感觉不对劲或不安全时，她就念叨尤金·麦卡锡女士告诉她的一句话："我的行事风格就如此，我长的就是这个样，我的阅历也只有这么多。"

具有亲和力的人都很真实。他们就是他们自己。于是，当他们与人相处时也是真心相待。他们不会假装，不会掩藏自己的想法和感觉，也不会别有用心。他们心口一致。和他们在一起，你无需有过多的担心。

他们之所以总能够真实的一个原因是自我感觉很安全、很放心。安全放心的人不要求自己总得赢，也不需要向别人证明什么。在所有品性中，安全感是最能够解除戒备心理的。具有亲和力的人自我很放松，于是让别人也觉得很放松。

关于亲和力，我需要再多说一点。它是居于主导地位一方的责任。在采访中，芭芭拉·沃尔特斯居于主导方，所以她必须让自己变得容易亲近。老板在员工面前也要有这种责任，以使他们敢接近自己。父母在子女面前也是。至于配偶，双方都得让对方觉得可亲近。

当我作为牧师因工作出色而在本州乃至全国崭露头角时，我发现有些人被我吓着了。我觉得最大的原因是我太自信了。我真的不想让他们对我望而生畏或者不敢开口跟我讲话。于是，我就努力变得容易让人亲近。我开始学会"缓慢地走过人群"，这意味着不论何时只要出现在人群中，我总是花点时间跟他们交谈，联系一下，并对他们的感觉、需要和愿望有感知。

我的努力换来了丰厚的回报。我品尝到人们的友好，结识了新朋友，培养了许多有益的关系。做这一切的同时，我还是真实的自己。所以，我极力推荐这种做法。

讨论问题

1. 你自我感觉放松吗？大体上，你是有安全感还是没有？你对自己的能力很自信，还是怀疑？你自我感觉良好，还是老希望成为别人？请做出解释。

2. 你是否同意主导方有让别人放松的责任？请解释。当主导方缺乏兴趣，居于劣势方却必须跟他建立联系时，会出现什么情况？

3. 你如何发现别人另有所图？如果阴谋被揭穿，会出现什么情况？想到有可能跟居心不良的人打交道，是不是让你觉得很难敞开心扉、让别人走近？

4. 想想你打过交道的喜怒无常者。这种人的情绪对你有什么影响？它又是如何影响双方关系的？你什么时候容易情绪波动？可以采取什么办法来稳定情绪？

5. 许多难以接近的人根本没有想到自己在别人眼里竟是望而生畏和冷漠无情的。对自己的亲和力做一个全方位的调查。发现你的老板、下属、同事和家人是不是容易跟你交谈？要他们告诉你，上次他们是什么时候听到你真实地进行自我评价。要他们说出你的缺点，看看你如何反应。你的答案会暴露出很多实情。

战坑法则

战斗打响前，请挖一个
能容下朋友的大战坑

在人生的贫困和不幸中，真正的朋友是完全的避难所。
他们让年轻人远离坏影响，
是老年人的安慰和援助者，激发壮年人高贵的情操。

——亚里士多德

扪心自问：我是一个危难中可以指望的朋友吗？

几年前，我听牧师兼达拉斯神学院的校长查克·斯温德尔说，在美国海军陆战队中，他学会了要挖一个足够大的战坑，以容得下一位朋友。这句话深深印在我的脑海中，因为我觉得它是真知灼见。

如果你看步兵训练手册，你会发现他们有好几种战坑（海军陆战队现在称之为"炮眼"）。一个士兵可能发现自己处于"稀巴烂的打击位置"，因为没有时间去准备，只能仓促抓几把作掩护。如果他有时间，可以为自己挖一个藏身处。然而，专家们建议"一个士兵单打……不如两个士兵一起打更安全。"如果3个人能够一起打，那就更好了。战地手册指出，这样做的好处是："一个士兵可以放哨；一个可以执行任务，一个可以吃饭、休息或做一些维护工作。这样，可以使任务比只有一个兵或两个兵的情况下提前完成。"并顺带提到："这种情况还让敌人最难拿下。要拿下，他们必须把3个人一起杀死或制服。"

"团结就是力量"，这句话已传颂千年。古以色列的所罗门王写道：

> 两人比一人好，
> 因为努力会有更多的回报。
> 如果一个人跌倒，另一个会把他扶好。
> 单独一人，倒下只能哀号，
> 因为无人上前扶抱。
> 两人一起躺倒，还可以互相暖体；
> 一个人却如何是好？
> 一个人可能被另一个人压倒，
> 两个人却可以为他撑腰；
> 三股拧成的绳子，最不容易断掉。

跟查克·斯温德尔不同，我从来没有在军队里待过。但是，一个人不需要成为士兵才能理解危难时有伙伴的好处。这不仅是军队的价值观，在家庭和办公室里亦然。即使在高科技的互联网世界里也是必不可少的。雅虎公司的发迹壮大史就给我们提供了很好的例证。

起初，只有两个人在战坑里

1994 年 2 月，雅虎出现了。它是杨致远和大卫·费罗两个斯坦福毕业生业余弄出来的小玩意儿。这两个学电子工程的学生搞了一个地址录来追踪他们最喜欢的网站。不久，他们开始把这个地址录拿出来跟人分享。刚一开始，地址录的名字是"致远的互联网指南"。但是，当杨致远想到"大卫做了所有的工作，我怎么能把名声占为己有呢"，就把名字改为"大卫和致远的互联网指南"。后来，他们又想到名字需要简洁好记，于是改为雅虎。

起初，他们提供两项基本服务：网址目录（跟书的目录很相似）和互联网搜索引擎（跟书的索引差不多）。使用雅虎，人们可以更好地找到互联网上的具体信息。到 1994 年秋天，雅虎的用户已超过 10万人。

杨致远和大卫·费罗知道机会来了。1995 年 3 月，他们注册了雅虎公司，并迅速从红杉资本集团（Sequoia Capital）得到 200 万美元的投资。这对朋友准备好加入激烈的商战之中了。他们已经执行了"战坑法则"，决定一起战斗。但是，他们也明白：光靠自己的力量是不够的。于是，他们设法组建了一个管理队伍。提姆·库格尔（人称 T.K.）加盟进来，成为首席执行官。库格尔又把杰弗里·麦立特介绍进来，作为首席运营官。4 个人紧密地工作在一起，但是贡献最大的要数库格尔、麦立特和杨致远，被人称之为"三剑客"。

麦立特说："我通常是务实的，致远是思维最开阔的，提姆是最后拍板决定的。我只知道我们总是在设想和开始下一步行动。"当雅虎必须面临"艾斯纳、韦尔奇和盖茨……进入这个领域"时，如麦立特描述的那样，他们紧紧地团结在一起，争夺市场份额。当许多网络公司关门大吉时，雅虎却一路高歌永进。

库格尔和麦立特后来去了其他风险投资公司，但是他们并不觉得难过和遗憾。同杨致远和大卫·费罗一道，他们成功地把雅虎从一个不到10 人的小作坊做成价值数百万美元的上市公司。今日，雅虎在全世界拥有最多的用户——每个月有两亿多——向他们提供全球品牌的网络服务。

认清战坑

生活中，我们面临着各种各样的"战斗"，"战坑"的形状和大小也各不相同。家，是最重要的战坑。（在大家的头脑里，它是一个安全港，有我们可以依赖的人。）其他的"战坑"可能是一项商业活动、一个足球队、一小群人、一个小队伍等等。当然，在这些不同的地方陪伴我们的人也各不相同。

在讲下去之前，我要告诉你在写"战坑法则"时所做的 3 个假设：

1. 战坑是为你和一个朋友准备的——而不只是朋友一人。你可以要求朋友跟你一同作战，但是你不能袖手旁观，让别人替你卖命。当杨致远和大卫·费罗邀请了提姆·库格尔后，他们并没有从雅虎抽身而退，而是一同作战。
2. 友谊在战斗打响前就已形成。"战坑法则"不是要你去欺骗一个泛泛之交，也不是教你去利用人。在要求别人帮助你之前，你先得做一个朋友。
3. 你也在朋友的战坑里待过。你要求别人帮助你，就应该也乐意帮助他。这才是真正的朋友。民权运动领袖马丁·路德·金说过："**最后，我们记住的不是敌人的羞辱，而是朋友的沉默。**"我不想被说成是一个不敢吭声的朋友。

有了这 3 点，让我们接下去了解"战坑"的真相吧！

没有朋友的战坑，是不安全的战坑

对别人不予理睬，只想单独面对世界，并不是健康有益的方式。几年前，我读到加利福尼亚州精神健康部发起的一项运动，口号是"朋友是一剂良药"。以下便是促使该组织发起运动的原因：

- 与人隔绝，早死的可能会增加两至三倍，并且跟你抽不抽烟和好不好做运动没有任何关系。
- 与人隔绝更容易患上晚期癌症。

- 离婚、分居、鳏居或寡居者，因精神失常而被送进医院的可能性比过正常婚姻生活者高出 5—10 倍。
- 人缘差的孕妇，在相同的压力下，患上某种孕期并发症的可能性会比人缘好的孕妇高 3 倍。

战坑里的共同经历，铸就伟大的友谊

回到 20 世纪 80 年代，当时，我正在找人帮我弄清如何在领导全国教会的同时还能把给一个大教堂布道的艰巨工作做好，杰克·海福德走进了我的生活。杰克在加州范纽斯道上教会当牧师，是一个好朋友、睿智的顾问和无私的导师。没有他的帮助，我不可能有今天的成就。

> 你要求别人帮助你，就应该也乐意帮助他。这才是真正的朋友。

十多年以后，我又卷入了一场更为艰巨的战斗：心脏病严重发作。杰克听说后，打电话过来。他告诉我，我是工作得太辛苦了，我应该学会拒绝别人。接着，杰克说了一些我永生难忘的话："约翰，我知道你觉得向别人说'不'太难。让他们打电话给我好了，我替你拒绝。我不会让你难堪的。"杰克真是一个"战坑里的朋友"。最近，杰克的女婿突然去世了，我爬进他的"战坑"里安慰他。这是他为我做了那么多后，我至少能够做的一点事吧。

战坑考验友谊

倒霉的时候，你会认清谁是你真正的朋友。佩珀·罗杰斯在加州大学洛杉矶分校当教练时，有几年真是倒霉。回想起那最糟糕的一年，罗杰斯这样告诉记者："我的狗是我唯一的朋友。当我跟老婆说，男人至少需要两个朋友时，她又给我买来一条狗。"

假朋友就像影子：**走在阳光大道上，它会亦步亦趋；走到阴影中，它会立刻离去**。麻烦找来时，好朋友会同我们紧紧相随。有一句老话是这样说的："意气风发时，朋友都来结识我们；落难遭劫时，我们才真正认清了朋友。"

一个忠实的朋友

据说，本杰明·富兰克林签署《独立宣言》时，他这样说："实际上，我们必须紧紧地团结在一起；否则，毫无疑问，我们将被分别绞死。"他知道在剧烈冲突的时刻，维护强大联盟的力量。据说，富兰克林终其一生，对他的同胞们都是一个忠实的朋友和可靠的盟友。

你可能有不少朋友，但不是每一个都是"战坑里朋友"。正因如此，你也不需要跟生活中的每个人都结成这样的同盟。在你答应跟朋友共同作战之前，有5样东西需要牢记在心：

1. 战坑里的朋友没几个

南北战争期间，林肯总统接到许多被判死刑逃兵的赦免请求。通常，每份请求都附上许多朋友和有权力人士的证明信。

一日，总统接到一封"与众不同"的来信：没附一张文件，也没有对犯人的一张担保函。林肯对此很吃惊，找来负责的官员询问。让林肯震惊的是，官员说这个士兵没有一个朋友，他的家人也全部死于战争。总统琢磨着这个消息，对官员说，他将次日清晨做出决定。

林肯整夜为此辗转难眠。赦免绝不是小事情，免除死刑会向其他的士兵传递错误的信息。然而，他发现，要想不向如此孤独的人表示同情也是很难的。

第二天一早，官员询问总统的决定时，他惊讶地听林肯说："一个朋友的证词帮我决定了如何处置这位士兵。"官员提醒总统，这份请求没有附任何推荐信，林肯果断地说："我来做他的朋友。"然后，他签署了请求，赦免了那位士兵。

如果在你生命中，有人愿意与你同赴战场，请珍惜他们，因为这样的朋友太少了。

2. 不论战前战后，战坑里的朋友都会支持你

作战时，有人在身边是一个很大的帮助。即使是在战斗打响前，知道有人相信你、愿意与你并肩作战，就足以使人振奋了。古希腊哲学家

伊壁鸠鲁说："真正帮助我们的不是朋友的帮助，而是我们知道他会出手相助。"

> 真正帮助我们的不是朋友的帮助，而是我们知道他会出手相助。
>
> ——伊壁鸠鲁

想想有没有父母、老师、老板或教练有意地在你面前表达他们的信任。被人信任的感觉好不好？这样的人在你生活中有没有大影响？如果有，抽空去感谢那个人，并像他一样对你愿意帮助的人投入同样的信任。

3. 战坑里的朋友会从同一个角度看问题

5 岁的特蕾西问爸爸可不可以到邻居家去玩。爸爸说，只要她能够在 6 点钟以前回家吃晚饭，就可以。

时钟敲响 6 点，特蕾西连影子都没有，爸爸就在那儿等。大约 25 分钟后，特蕾西撞开了大门。爸爸忍住性子，问她跑到哪里去了。

"爸爸，对不起，我回来晚了。"她回答说，"因为当我正要回家时，小朋友的玩具娃娃坏了。"

"噢，我明白了。"爸爸说，"我想，你是在那儿帮她修理？"

"不是。"特蕾西摇摇头，"我是在帮她哭。"

跟你一起爬进战坑里的人会从你的角度看问题，他们对你的处境表达出同心感。这使得他不仅能帮上大忙，还会带来许多安慰。

4. 战坑里的朋友对我们的生活影响巨大

那些在生命中与我们共同作战的人，对我们的生活影响巨大。我提到，1998 年 12 月 18 日，我心脏病发作。一大早，我就挣扎在生死之间，这时，助手琳达·埃格斯打电话来，推荐了一个我根本不认识的人爬进"战坑"里救了我。几个月前，我跟约翰·布赖特·凯奇医生一起吃饭，他是纳什维尔的心脏病专家，愿意"竭尽所能"来救我，因为他很关心我的健康。琳达介绍了他，他介绍了亚特兰大的同事杰夫·马歇尔医生，马歇尔医生救了我的命。从这个故事可以看出，**关系，有时候的确就意味着生与死的差别。**

5. 战坑里的朋友无条件地爱我们

据说，一个真正的朋友是……

- 为我们保守秘密，永远不将其泄露的人——即使受了很大的折磨和巧克力引诱也不会（如果是我妻子，脆奶油甜甜圈更管用）。
- 悄无声息地销毁那些丑化你的照片的人。
- 聆听你天马行空胡侃，并允许你独自得出结论的人。
- 跟你一起节食的人——如果你停止，他也跟着停止。

战坑里的朋友就是这样的人。他们愿意与你共临险境。他们愿意为你赴汤蹈火。他们愿意为你付出一切。

作家兼伦敦城市教堂（City Temple）的前任牧师莱斯利·韦瑟罗德写过一个故事：有两个真正的战坑里的朋友，在同一个地方打仗。其中一个受伤了，无法回到安全地带；他的伙伴违背长官的命令，去找他。等回来时，这个人受了致命伤，而他扛回的朋友早已死了。

长官非常愤怒："我告诉你不要去。现在，你俩都死了。真不值！"

垂死的人回答道："可是……很值，先生……因为当我找到他时，他说：'吉姆，我知道你会来……'"

跟这两人的情形不同，你面临的"战斗"可能不是在战场上。也不会有生死存亡的利害。但不论怎样，你是否希望有个朋友和你共同面对？如果是，就对别人做一个"战坑里的朋友"——那种任何情况下别人都可以信任的人。

讨论问题

1. 是什么使一个人愿意跟另一个人并肩作战？总是无私的动机吗？动机有关系吗？这样做改变结局了吗？

2. 在"战坑法则"中，同心感何时发挥作用？它是人们在一起之前就有的，还是在并肩战斗之后形成的？其他的因素，如价值观、优先次序、眼界等，也会发生作用吗？

3. 对别人来说，你是什么样的朋友？你曾经跟朋友、同事或家人在"战坑"里待过吗？你有没有决定成为那样的朋友？

4. 你觉得一些人为什么会"孤独地爬进战坑"？是因为他们喜欢，还是由于没有建立牢固的关系？一个人总是孤军奋战，最后会有什么结局？

5. 在哪种情况下，你更愿意在战斗打响之前就培养好关系？在哪种情况下，你更倾向于在奋战的同时培养起友谊？两种情况都会带来持久深厚的友谊吗？请做出解释。

在往下讲之前，让我们回顾一下人际法则中的"信任问题"……

基石法则：信任是一切关系的基础。

困境法则：永远不要把困境看得比关系更重要。

鲍伯法则：当鲍伯跟每个人都有问题时，鲍伯通常就是问题所在。

亲和力法则：自我放松，有助于别人跟我们在一起时也放松。

战坑法则：战斗打响前，请挖一个能容下朋友的大战坑。

投资问题

我们乐意在别人身上投资吗？

没有谁能自视孤独、处处为己却活得快乐。
如果你想活出自我，首先得为别人而活。
——塞涅卡

通过阅读本书前三部分学习社交法则的读者，回答好下面 3 个问题——自我准备：我们准备好了与人交往吗？建立联结：我们乐意关注别人吗？取得信任：我们能够赢得相互信任吗？——就可以认为自己处于不错的人际关系中了。他们卸下自身的包袱，情感上准备好与别人发展关系。他们可以很好地与别人建立联结。他们还可以在与人交往中获得信任。大多数跟他们交往的人会觉得他们拥有很好的社交能力。然而，如果他们到此为止、不再努力，就会错过社交中最美妙的一部分。

这就给我们带来"投资问题"：我们乐意在别人身上投资吗？你可能奇怪，我干吗要把这个问题看得如此重要。你可能还会问："一个人为什么要花时间和精力在别人身上投资？"要得到答案，请先想想下面的问题：

你可以建起一栋美丽的房子，但它最终会坍塌。
你可以从事一份很好的职业，但它最终会完结。
你可以攒下很多的钱，但死时绝不可能带走。

你可以今天正年富力强，但时光会带走你的健康。

你可以为自己的成就沾沾自喜，但旁人会超越你。

许多人都在上述事情上投资，但它们都是转瞬即逝的。所以，你能不能在那生生不息的事物上投资？投资于人！归根结底，在这个世界上，没有什么比人更重要了。

人际关系跟其他事情一样。回报取决于你的投资。有时候，当我在会议上发言时，年轻的领导者会走近我，说："我想做你做的事。但是，我怎么才能找到这活儿呢？"

说实话，这问题让我哑然失笑。有时候，我回答道："你可能想做我正在做的事，但是，你愿意有我那么多付出，以达到今日吗？"他们光看到明亮的镁光灯、庞大的观众人数，没有看到数十年来我在一小群人面前讲课，只是出于爱心，因为没有报酬。他们没有看到，在我们能够雇得起人帮忙之前，我和玛格丽特数百次地拖着塞满书和笔记本的箱子上下飞机。他们没有看到，我们在旅途上花掉数千个小时，住着糟糕的旅馆，吃着难以下咽的饭菜。**真正的努力都是在舞台背后的。他们今天看到的，是在幕后 30 年辛苦工作的积累。**

好的人际关系也是如此，它们需要大量的幕后工作。一旦你结识了人，就要学会在他们身上投资。好的人际关系，永远是无私投入的结果。接下来的 5 条社交法则，对在关系中投资的一些最重要方式提供了好建议：

园丁法则：所有的关系都需要培养。

101% 法则：找到 1% 的共同点，给予 100% 的努力。

耐心法则：结伴旅行会比独自旅行慢得多。

庆祝法则：对人际关系的真正考验，不是朋友落难时我们多么忠诚，而是他成功时我们多么高兴。

高路法则：当我们待别人比他们待我们更好时，我们就达到了更高的境界。

如果你能够肯定"投资问题"，那么，你的人际关系将会达到更高的境界。

园丁法则

所有的关系都需要培养

友谊就像金钱，赚来容易守住难。

——塞缪尔·巴特勒

扪心自问：我是偶尔还是一贯地培养人际关系？

1997年，体育新闻记者米奇·阿尔伯姆写了一本书，叫做《相约星期二》。书中有莫利·舒瓦茨的回忆，充满了智慧。莫利是阿尔伯姆从前的大学教授和导师，因患了卢格里克病①而面临死亡的威胁。1995 年，阿尔伯姆看了特德·科佩尔的《夜线》节目对舒瓦茨的采访后，跟 20 年没见面的导师取得了联系，培养起一段很深的友谊。《相约星期二》是他们多次会面的产物。它是一本轰动的畅销书，在《纽约时报》畅销书目上保持了 4 年。到 2004 年 3 月份，已印了 500 多万册，被译成 30 种语言，在 34 个国家销售，还被拍摄成艾美奖获奖影片。

下一个故事

阿尔伯姆的读者们渴望看到他接下来还有什么新书推出。大多数人想让他写续篇。阿尔伯姆说："我都快被《星期二以后跟莫利在一起》、《相约星期三》、《相约星期四》、《莫利鸡汤》这样的约稿淹没了。我拒绝了，因为我已经说完了想说的话。"令许多人吃惊的是，2003 年，阿尔伯姆又推出了《天堂里遇到的 5 个人》，不是因为这本书不再写莫利，而是它跟他以前的几本著作不一样，这是一部小说。

书中讲述了 83 岁的游乐场工人埃迪的故事，他过着自认为没有太大意义的生活，但在进入天堂后，了解到了自己生前的影响。有意思的是这本书的灵感来自于一个真实的人：阿尔伯姆的舅舅埃迪。

阿尔伯姆把埃迪描写为"一个矮胖、双下巴、胸肌发达的人，1908年出生在一个贫穷的移民社区里。全家共有 9 个孩子，他不是最大的，也不是最小的，但是最顽劣的。"阿尔伯姆评价说："他是我们家谱上的冠军——比我认识的每个人都强悍。"

埃迪舅舅是阿尔伯姆童年时代的英雄。他是二战退伍老兵，开出租车，在工厂里干活；他曾在出租车里制服一个试图杀死自己的男人。阿尔伯姆说，当那个"穷凶极恶的乘客拿刀想割埃迪的喉咙时，埃迪紧紧抓住刀刃，那个杀人未遂者就逃跑了"。埃迪说过，在他做紧急开胸手术时，他睁开了一会儿眼睛，看到床边一群死去的亲戚在等着，就说：

---

① 即肌萎缩性侧索硬化症。——译者注

"滚蛋吧！我还没准备好加入你们呢！"

阿尔伯姆长大了，成为一名出色的记者。虽然他跟导师莫利·舒瓦茨断了联系，却跟埃迪舅舅一直有往来。他出差时，常给这位老人打电话。埃迪——阿尔伯姆嘴里一辈子梦想没有实现的老人——总是对他的恶作剧感到兴奋和震撼。

埃迪舅舅对阿尔伯姆有很深的影响，但是埃迪舅舅生前从来没让他知道。阿尔伯姆承认："在他的葬礼上，我致悼词。中途，我就哽咽了，难以自抑地痛哭起来。我很难过，是的，也很后悔。我从来没有当着他的面说过爱他之类的话。"

所有的关系都需要培养才能成长。米奇·阿尔伯姆的确是跟埃迪保持着关系，但是，他没有让这关系比在童年时更深入。现在，他知道自己已错过了好机会。

阿尔伯姆说："我们生命中都有极好的人，但是，当他们走了，好像我们能做的只有去怀念。我想埃迪想得很苦……我认识到，从来没有一个人，能够像舅舅在儿时的我眼里那样神奇。他应该知道这些的。我希望我以前告诉过他。"

你的花园是怎么繁茂起来的？

你不能忽略一段人际关系，却期望这段人际关系能成长。当然，这并不是说所有的关系都一样，都需要投入同等的时间和关注。关系的本质和目的不同，会决定你需要投入时间和精力的多少。想想你生命中一些个人和职业上的关系，你给予了多大的精力？是同等对待吗？当然不，也不应该。每段关系都是不一样的，但总体上可以归为3大类：

有些人，因为某种原因，在我们的生命中出现

许多关系都非常短暂，是因为某种具体的原因才会出现。有些时候，它们来了，然后就永远地消逝。另外一些时候，它们是持续的，但是有间歇。这类关系需要简单、定期地维护。

> 关系的本质和目的不同，会决定你需要投入时间和精力的多少。

我和医生之间的交往是说明这种关系的好例子。1998年，如果我

的心脏病没发作，我永远都不会遇到心脏病专家杰夫·马歇尔医生。我把他看成朋友兼医生，但我一年只会看到他几次，每次都跟我的健康有关。

有些人，会在我们的生命中出现一段时间

第二种关系类型会持续一段时间。这种关系只持续几周，或者是长达几年。多数情况下，它们是跟我们的环境或处境有关系。但是，你不能因为它们是暂时的就觉得不重要。这种关系的培养应该跟出现时间一致。

跟子女的老师、教练之间的关系常常是暂时的，工作关系也是。可能你现在正为一个自己喜欢的老板干活，但工作是唯一的纽带。如果你换了工作，你就没有多少理由或者机会去保持联系了。有时候，这也是关系淡出的方式。

有些人，会伴随我们终生

第三种关系类型是持续性、永久性的。数量不多，但非常特殊。如果我们想让它们健康成长，就必须给予不间断的培养。否则，就会枯萎、死亡。

对我们来说，亲密的朋友关系是最珍贵的。跟其他珍贵的东西一样，需要我们好好呵护。我们不能一边忽略它们，一边却希望其成长壮大。剧作家萧伯纳有一次写给朋友阿奇伯尔德·亨德森一张条子，说："我忽略了所有一旦忽略不会立即坏掉的东西，部分原因是你已经进入了我最最要好朋友的圈子——太要好了，以至于对方的感觉已不考虑。"萧伯纳一定是意识到他跟朋友之间的关系是亟须照看了，他希望能够挽救过来。对一段良好的友谊，你愿意花上什么样的代价？

在这个世界上，每个人拥有的最重要的关系就是跟伴侣之间的关系。男人和女人如此不同，并不那么容易培养起良好的关系。近来，我读了一篇幽默的文章，对男女之间的不同进行了调侃：

- 男人会花 2 美元去买自己喜欢的只值 1 美元的东西，女人会花 1 美元去买自己不喜欢的但值 2 美元的东西。
- 找到丈夫之前，女人会为未来发愁；娶了老婆之后，男人才会

为将来担忧。

- 成功的男人是赚的能比老婆花的更多的人，成功的女人是能够"钓"到这种男人的人。
- 要想跟一个男人处好，你必须了解他很多，爱他一点点；要想让一个女人快乐，你必须爱她很多，而绝不要尝试去了解她。
- 已婚男人会比单身汉活得长，但他们更愿意去死。
- 每个已婚男人都应该忘记自己的错误——两个人都记住是无益的。
- 女人跟男人结婚，期望能够改变他，但改变不了；男人跟女人结婚，希望她不要改变，但她却变了。
- 在所有争吵中，女人总是最后闭嘴；男人要是再多说一句，就会引发一场新的战争。
- 男人一生中会有两次不了解女人：一次是在结婚前，一次是在结婚后。

苏格拉底说过："务必要结婚。如果你娶个好女人，你会很快乐；娶个坏女人，你会成为哲学家。"[①] 找到合适的男人或女人结婚是至关重要的，但这只是通往美满婚姻的一项功课。结婚之前，我们的焦点是为未来找个好伴侣；结婚后，我们关注的应是调整自己。约会，把我们带进天堂；结婚，把我们引向过日子。

婚姻，跟其他的长期关系一样，需要我们：

- 努力解决棘手的事；
- 做一些必须做的事；
- 在某些事上耐心等待；
- 警惕一些可能的伤害；
- 告别一己之私。

这包含了关系培养的所有方面。没有心思拉近彼此距离的夫妇最终会疏远、分离。这很令人难过，但是，在5年婚姻生活之后，一些夫妻

---

① 苏格拉底的老婆是个出了名的悍妇。——译者注

共同拥有的东西就只剩下他们的婚礼了。有些婚姻好像是天造地设的，但维护却要脚踏实地。

有一个故事说明了我的意思。一对素昧平生的男女发现自己睡在同一个软卧车厢里。最初的尴尬过后，两人都想进入睡眠——女人在上铺，男人在下铺。半夜里，女人探下身来，说："不好意思打扰你了，我冻得要死，你能不能给我一条毯子？"

男人也探出身子，眼里闪着狡黠的光，说："我有一个更好的主意。我们假装是夫妻怎么样？"

"好啊！"女人咯咯地笑着。

"那么，"男人答道，"自己下来拿毯子吧！"

培养重要关系的办法

培养关系意味着什么呢？做到下面 6 条，你就可以跟不论是伴侣、父母还是朋友形成健康向上的关系。

1. 承诺

研究者阿尔弗雷德·金瑟博士说："在婚姻中最重要的是，坚持下去的决心。有了这种决心，一方就会调整自己来适应不同的环境，否则，离婚的理由就很充分。"**对关系的坚定承诺，是已婚夫妇能够拥有的最大资产之一，也是所有深层关系的一大特点。**

政治理论家托马斯·佩因确认："太轻易得到的东西，我们不会珍视；只有付出代价，才会让一切东西有价值。"每段长久的关系都会有曲折。两个人不可能在所有问题上意见一致。即使是最好的朋友也会有冲突。问题在于：当麻烦来时，你会怎么做？你会多忠诚？你是更致力于维护关系，还是避免冲突？你的答案可能就决定了你的关系是终生的，还是昙花一现的。

2. 沟通

没有沟通，关系如何形成呢？它经常是轻松的沟通带来的结果。有时候，一个小火花就可以燃起一段友谊，然后在更有难度的交流中加深。作家悉尼·J.哈里斯认为："如果不让别人反对我们，是难以真正了解别人的，因为只有在矛盾中，本性才会暴露出来。"最后，友谊要靠心的交流来维持。

跟玛格丽特结婚几年后，我发现当我回家看到她时，谈话中没有什么让人兴奋的东西。她问我白天有哪些新闻，我也没多大兴趣去讨论。后来，我弄清了原委：大多数时候，有特别事情发生时，我已跟同事或助手们一起激动过了。所以，就提不起兴致向玛格丽特重述。我知道这需要改变。办法是什么呢？当白天再有重要的或令人兴奋的事发生时，我就简记在 3×5 索引卡上，攒到一天结束。这样，玛格丽特就是第一个听众，她也可以感受到我的兴奋和热情。

3. 友谊

批评家塞缪尔·约翰逊说道："岁月向前推移，一个人若是没有结识新朋友，很快就会被孤零零地抛到后头。所以，先生，一个人应该时常'修补'一下他的友谊。"这对老朋友和新相识都管用。我认为，我们有时候想当然地认为别人跟我们很亲近，就忘了先去当他的好友。

基于此，我常提醒自己先当玛格丽特的好友，然后才是其他的身份。我努力为她考虑。当我们之间爆发冲突时，她不知如何是好，我就告诉她"我是你最好的朋友"，以提醒她我真的很在意。

4. 回忆

我认为，共同的回忆是维系人与人之间关系的良好纽带。你参加过校友会吗？或者是跟 10 年、20 年、30 年未曾谋面的朋友重逢过吗？什么让你们一下子热络起来？是你们共同的回忆吗？

今天，我们的孩子都已长大、成家，离开家庭并有了自己的孩子。但是，当他们十来岁时，我们跟许多父母一样，担心他们会变冷淡，走错路。同时，

> 太轻易得到的东西，我们不会珍视；只有付出代价，才会让一切东西有价值。
> ——托马斯·佩因

我们也意识到需要给他们更多的自由以便独立。我们维持紧密联系的一个方式是创立"家庭史"，这不会给孩子受强迫的感觉。我们一起旅

行，做了许多能够留下美好回忆的事。所有这些，都会给孩子在独立、离家时，留下一些温馨的回忆。

5. 成长

本杰明·富兰克林说过："诺言可能帮你得到朋友，但表现会帮你留住朋友。"任何友谊开始时，都是充满了希望的。但是，你必须找到办法来保鲜友谊，使其有增长的潜力而不是光有美好的回忆。一个办法就是共同成长。

我在圣地亚哥的地平线教堂（Skyline Church）做资深牧师时，有4名员工跟我一起干了十多年。这在宗教领域可不常见，一个原因是我们选择了共同成长。只要去个人成长方面的论坛或会议，我总是带着自己人。他们也总是把学到的东西跟我分享。每个月，我会给员工上一堂个人成长课。所有这些，铸就了一个令人愉悦的环境，我们喜欢在一起成长。

6. 互相宠爱

伏尔泰写道："如果说友谊的第一法则是必须得到培育，那么第二法则就是：当第一法则被忽略时，务必做到宠爱。"宠爱别人是没错的——你的孩子例外，虽然这有点难以做到。我总是设法向朋友表达点滴关爱。玛格丽特和我更是互敬互爱；至于对待我们的孙辈儿，那就更不用说了。

尽可能经常地让朋友和家人知道，你多么关心他们。不要留下米奇·阿尔伯姆对舅舅埃迪那样的遗憾。

已故罗纳德·里根总统的妻子南茜·里根说："我坚信你应该保鲜每段关系。我在朋友的生命中依然很重要，他们在我的生命中也很重要。不具备这种品质和能力的第一夫人会很傻，会被孤立。"这不仅适用于公众人物，对大家亦然。友谊，让我们的生活更加精彩。但是，缺乏培养，是无法持续下去的。这就是我们必须实践"园丁法则"的原因。

讨论问题

1. 说一说通过哪些方式，可在人际关系中积极地沟通。关系类型会影响沟通方式吗？对你最看重的关系，哪种方式最有效？

2. 如何区分短期关系和有可能持续终生的关系？你的一些重要长期关系是如何建立的？目前，你跟谁的短期关系有望进一步发展？你如何得知关系能否更上一层楼？

3. 你如何决定在别人身上的时间分配？是根据关系轻重吗？你有没有为重量级人物单留出时间，并且小心地维护关系？或者你的日程里塞满了"碰到谁，就是谁"的安排？你对于目前的做法满意吗？如果不，如何改进？

4. 本章提到解决棘手问题的重要性。为什么人们在重要关系中允许棘手问题的存在？有什么正当的理由不去解决吗？在你跟某个重要人物之间是否存在你没说，但是应该说的问题？你打算什么时候解决？

5. 上次，你是什么时候宠爱妻子（或其他重要的人）的？这是你经常做的，还是根本没太想过的事？请解释。你将采取什么行动来改进？

101% 法则

找到 1% 的共同点，
给予 100% 的努力

如果做同一件事的两个人总是你唱我和，那么其中一个人就没有用；
如果两个人总是闹矛盾，那么两个人都没有用。

——达里尔·扎纳克

扪心自问：我能够找到与别人之间的共同点，
并给予 100% 的努力吗？

有时候，建立关系就像打一场攻坚战，取得联结也异常困难。如何跟那些看似迥然相异的人联结？在这种情况下，有可能建立起"关系之桥"吗？如果可以，关系会是健康、持久、有益的吗？这都是无法避免的问题，让我们正视它。当你跟别人没有共同点时，建立关系就是一大挑战，你应该怎么办？

答案可以从"101%法则"中找到。当很难建立联结时，你必须找到一个两人之间的共同点。这可以在所有人身上应用，问题是许多人自然而然地采取了相反的做法，他们光看差异。为什么会这样呢？原因可能是本能的竞争意识，人人都想找到自己的长处；也可能是人们想让自己凸显出来，找到与众不同之处；另外一些时候，可能是人们感觉受到了来自对方的威胁。

恰恰相反，要建立联系，人们需要找的是共同点。大多数人有许多共同之处。即使是最"疙瘩"的夫妻也有一些双方认可的东西。一旦找到共同点，就需要给予100%的努力。差异越大，越得盯住共同点，就越得给予更大的努力。这可不容易做到，但是回报会异常丰厚。下面的故事说明了这一点。

年轻人，到西部去

查尔斯·霍华德是企业家中的精英。他曾在美国当过骑兵，后来在纽约当自行车技工，1903 年，他决定到西部寻找财富。他在旧金山定居下来，在市区开了一家自行车修理铺。

那时候，汽车已作为一个新玩意儿（虽性能不太可靠）出现在陆地上，但是还没有修车行。鉴于此，汽车主开始光顾霍华德自行车铺寻求帮助。霍华德本人也想在修汽车上小试牛刀。不久，他就发现了一个绝好的机会。他跳上开往底特律的火车，经过软磨硬泡，得以同威廉·C. 杜兰特（别克汽车公司的老板，后来通用汽车公司的创始人）一见。杜兰特很喜欢霍华德，就雇用了他。不久，霍华德取得在整个旧金山地区销售别克汽车的权利，1905 年，28 岁的他开了第一家别克经销行，展销他从底特律买来的 3 款汽车。

刚开始时，生意惨淡。但是，在 1906 年的地震和火灾后，汽车销量猛增。凭着敏锐的商业嗅觉和天才的促销手段，霍华德看到成功在望。1909 年，他扩大经营，取得了别克、迅驰、奥兹莫比尔汽车在整个西部的独家经销权。经销业务给这位汽车行业先锋带来了惊人的财富。后来，当杜兰特由于过度扩张而濒临破产时，霍华德用 19 万美元的个人贷款让他起死回生。对此，杜兰特后来用通用汽车公司的股票和总销售额的一定百分比来偿还。霍华德的成功已登峰造极。1929 年，股市崩溃，许多人倾家荡产，霍华德却没有受到多大影响。

20 世纪 30 年代早期，这位上了年纪骑兵出身的汽车巨头重新燃起对马匹的热情，并受一个朋友的影响爱上了赛马。他决定，如果拥有自己的赛马，一定要是第一流的。他买来几匹马，并四处寻找驯马师。他找到了 56 岁的西部人汤姆·史密斯。两个人丝毫都不像。霍华德是一个销售大师、促销高手，史密斯沉默寡言，只会成天观察马的每个动作；霍华德是一个习惯了奢侈享受的成功商人，史密斯从前是一个习惯了席地而睡的牛仔。从 13 岁起，史密斯就是一个经验丰富的猎马人和驯马师。一生中，他猎过鹿，当过牧羊场的工头，追捕过山狮，做过兽医，驯过马。印第安人都叫他"平原上的孤独者"。

作家兼赛马专家劳拉·希伦布兰德这样描述霍华德和史密斯：

> 两个人站在本世纪的两极。史密斯是最后一位真正的边疆人，霍华德用他快速转动的汽车轮子碾平了史密斯的西部；霍华德求名求利，史密斯还是他"平原上的孤独者"——孤独且拘谨。但是，霍华德对识别驯马师有独到的眼光。他扫一眼史密斯，本能地认为他就是合适的人选。他把史密斯带到马厩里，让马儿认识它们的新主人。

约翰·波拉德，一位曾经风光过的职业赛马师，也加入了这对奇妙组合。他是一个非常强硬的人，是硬汉子中的佼佼者。他不但是一名骑师，还曾当过奖金拳手——虽然并不是最好的。他身高 5 英尺 7 英寸，比其他骑师高过一大截。跟干此行的许多人一样，他竭尽所能，让体重保持在 115 磅以下。1928 年，波拉德进入全国骑师的前 20 名。但他的技术下滑了，到 30 年代中期史密斯雇用他的时候，他赢的赛马次数已经越来越少。在这个时刻，他跟其他骑师相比明显的差异是——他愿意去骑那些他们连碰都不敢碰的马。

他们是怎么碰到一起的

百万富翁、边疆人和奖金拳手——这 3 个人没有一丝共同点，除了一样东西：一匹看起来没啥价值的赛马——史密斯找来，霍华德买下的。3 个人都把精力放在他们认同的一件事上，而不是去挑彼此的差异。

希伦布兰德这样描绘那匹马：

> 那匹小马的身体低得几乎接到地面上，身上沾满了煤灰渣……它的 4 条短粗腿参差不齐……由于全身装配的错位，它走起来撇着腿、姿势很奇特，让人觉得它是瘸了呢……它飞奔的时候，步伐凌乱，后蹄似乎总想踢到前蹄……所有的这些缺陷并没有让它逃掉赛事安排……虽然只有 3 岁大，它已经参加了 43 场比赛，比大多数马一生参加过的赛事还要多。

小马的名字叫做"硬饼干"。就是这样一匹别人眼里无可救药的劣马，却成了世界上最有名的赛马之一——并且是大萧条时期、人们最需要振奋时刻的民族英雄。（1938 年，"硬饼干"是全国最大的新闻明星，比富兰克林·D. 罗斯福或阿道夫·希特勒引起的轰动都多！）"硬饼干"不仅刷新了赢钱的纪录，还在激烈决战中击败了"海军上将"——"三连冠"得主和一直以来最好的赛马。那场比赛——当时大多数行家都认为"硬饼干"不可能赢——现在被许多人认为是赛马史上最好的赛事之一。

何时实践 101% 法则

3 个如此不同的人能够找到共同点，能够同时把精力投入进去，真是令人刮目相看。这就是"101% 法则"的价值。它是每个人"关系工具箱"里最得力的工具。然而，它并不是什么时候都可以拿出来随便就能用的。我这样说，是因为使用这条法则需要投入大量的时间、精力和思考。因此，在实施该法则前，你需要问自己一些问题：

这个人值得投入吗?

每个人都有价值,但是你无法给予每个人"101%法则"要求的那份时间和精力。所以,谁"值得"这样的关注?如果你结婚了,先列出你的配偶。在双方有分歧的时刻,就拿出"101%法则"。(玛格丽特和我通常对我的日程安排不一致,但是我们都希望有更多的时间待在一起,所以我们就把注意力放在这一点上。)把你的家人也写进名单。如果你有自己的生意和合作伙伴,把他们也加上。然后,是列入你的朋友。这个范围以外的人,自己来判断。如果有一段潜力巨大、双方未来都受益的关系,你也能够匀得出精力,那就在双方有分歧的时候,拿出"101%法则"试一试。

这种情况下值得投入吗?

大多数情况下,分歧都是暂时的。这时,提醒自己"这也会过去"。让它过去,节省出你的精力来,用在更需要花费时间和精力但有长期回报的地方。

这个问题值得投入吗?

当问题涉及你生活中的重要方面,或者是关乎你的价值观,这时就应该使用"101%法则"。如果没有,则三思而后行。记住理查德·巴克斯特牧师说过的话:**"对必须要做的事,团结一致;对尚未定论的事,可以自由提议;对所有的事,要宽容感恩。"**

得到的回报值得如此投入吗?

在"硬饼干"3岁以前,许多人都有机会发现它的潜力。事实上,在史密斯训练它之前,它在当时最负盛名的驯马师詹姆士·费兹西蒙斯那里。但是费兹西蒙斯有这么多的良马,"硬饼干"根本排不上号。史密斯却不这么认为,于是他得到了丰厚的回报。

101%的回报

执行"101%法则",可以让你多方面受益。下面就有6条:

1. 它让你打下改变的基础

在关系中，如果你想影响别人，改变他们看问题和做事的方式，那么你就不要在有分歧之处进行硬性改造。人际交往中，改变总是最早出现在双方一致的地方。当你执行"101%法则"时，你找到共同点，并将其扩大，这会成为改变的良好起点。

2. 它避免无谓的冲突

我早已得知当别人认为自己"正确"的时候，跟他们争论是无用的。当你集中在别人跟你一致的地方时，你就处于"安全地带"，因为你俩都"对"。犹利塞斯·S. 格兰特将军说过："在我眼里，从来没有哪个时候非得弄到拔剑相逼。"如果你能够避免，为啥还要挑起冲突呢？

3. 它降低结仇的几率

拉尔夫·沃尔多·爱默生说过："朋友有千百个也不嫌多，敌人有一个就会狭路相逢。"你也许同意，即使人生中只有一个敌人，也会让我们应付不及。消灭潜在敌人的最好办法是让他成为你的朋友。当你寻找认同之处时，结仇的概率自然会降低。

4. 它保住了一些可能会丢失的价值

因为盯住差异而非相同点，你错过了多少潜在能结成友谊的关系？有多少朋友从你指缝中溜走？你丧失了多少报酬丰厚的商业合作机会？纽约扬基队的前任队长乔·麦卡锡说："不能跟400尺击手相处好的队长全都是疯子。"如果你想让自己敞开胸怀，迎接有价值的潜在关系，就请准备好试用一下"101%法则"吧！

5. 它让你对自己在关系中扮演的角色感觉良好

小说家简·奥斯丁在给姐姐卡珊德拉的一封信中，以嘲弄的口吻写道："我不想人们太喜欢我，这样我就不需要费精力去喜欢他们。"挑人毛病者，是想通过对比使自己的形象更高大，可是，他们处理关系的方式很少让他们感觉"高大"。相反，寻求对方优点并关注共同之处的人会对自己发挥的作用很满意。

6. 它让你顺利地渡过难关

最快乐的人不见得需要拥有最好的东西，他们只是看到每样东西最好的一面。采用"101%法则"，会让每段关系发展至最佳状态。没人会比这做得更好了。

在"痛苦法则"那一章，我讲述了汤姆的故事，他每周都会寄给我一封信，批评我的布道，经过几年的努力，我把他"争取"过来。我让他接受我的办法，就是通过使用"101%法则"。我已经提到过，他的孩子跟我的孩子都是收养的。我能发现的、我俩都认同的一件事就是：收养的孩子是特殊的。于是，不论何时我们交谈，我总是把话题放到孩子身上。我给予他孩子特殊的关注，不放过一个夸奖的机会，还把他们当做侄子和侄女那样来爱。每次，我去找汤姆的时候，只要合适我就把自己的孩子（伊丽莎白和乔尔·波特）带着。

> 最快乐的人不见得需要拥有最好的东西，他们只是看到每样东西最好的一面。

汤姆的孩子爱我。他的妻子也很快对我热情起来。汤姆还是硬得像一枚砸不开的坚果，但他不能永远那样硬下去。如果你的全家都喜欢某个人，你是很难一直对他心存怨恨的——尤其是那个人并没有做过什么伤害你的事。

也许，你的生活中也有一个"汤姆"——从来都处不来的一个人。你可以轻易地看到别人的缺点，觉得要看到差异以外的东西可真难。我向你保证，你跟别人是可以有共同点的。所要做的只是去寻找。一旦你找到，给予100%的努力，你会对自己的影响感到震惊。

讨论问题

1. 你有没有遇到过践行"101%法则"、善于在冲突中发现共同点的人？如果遇到过，请描绘一下这个人。你对他（她）哪方面感到钦佩？这些人具备的什么品质让他们如此善于跟别人建立联结？你在生意上或职业领域里有多少人奉行这个法则？

2. 为什么你不把"101%法则"自动应用到所有关系中？你生命中有哪些关系需要应用？描述一下你将如何改变与其中的一个人相处？

3. 哪种情况下不值得投入"101%法则"需要的那份精力？哪种情况下则值得去付出？哪种问题对你来说很重要？这些问题跟你的价值观和优先次序有什么关系？

4. 你曾因缺乏建立联系的共同点而让一段重要关系从指缝中溜走吗？结果是错过了什么？你如何做，能够修复这段关系？回报值得你去投入吗？是什么阻止你采取行动？

5. 想想你生命中一段真的需要改变的重要关系。迄今为止，在开始改变之前，你是否运用"共同点"的方法去建立关系吗？你跟对方在哪件事上有共识？你如何运用这一点来改善关系？接下来，你如何执行改变的步骤，以让双方都受益？

耐心法则

结伴旅行
会比独自旅行慢得多

两个人的友谊，需要一个人的耐心。

——佚名

扪心自问：我有没有携伴同行，即便不太方便？

时不时地你会读到一些故事，古怪得都像是真的。这个故事便是如此，主角是拉里·沃尔特斯，他独自进行了一段旅程。故事很疯狂，但确是真的：

拉里童年的梦想就是飞行，但命运总是捉弄他。拉里加入了美国空军，但由于视力不过关，他无法成为飞行员。从军队中退役后，他就坐在自家的后院里，看着飞机从头顶上飞过。

坐在室外从西尔斯①买来的"极为舒服"的草坪躺椅上，拉里酝酿出了他的"气球计划"。他从军队商店买来42只气象气球，把它们系在固定好的名为"灵感1号"的草坪躺椅上，并（每个直径4英尺）都充上氦气。然后，他用带子把自己缚在躺椅上，带了一些三明治、美乐淡啤（Miller Light）和一支粒丸枪。他计算好，当他想下来的时候，就打破几只气球。

拉里的计划是：当割断绳栓时，他将缓慢地升到后院上空约30英尺的地方，在那里享受几个小时的飞行，然后再下来，但是事情并没有按照他的如意算盘进行。

当朋友切断固定在吉普车上的躺椅的绳栓后，拉里并没有慢悠悠地升到30英尺高的地方。相反，他被42只氦气球（每只充满33立方英尺的氦气）拽着，像炮弹一样射进洛杉矶的苍穹。他没在100英尺的地方停下来，也没有在1000英尺的地方停下来。升高，升高，他窜到了1.6万英尺高的地方。

在那个高度上，他不敢冒险射破任何一只气球，惟恐载重失衡，把自己摔得粉身碎骨。于是他静静地呆着，跟啤酒和三明治一起，又冷又怕，总共飘移了14个多小时。他飞越了洛杉矶国际机场的第一登机口，在那里，环球航空和达美塔航空公司的飞行员用无线电报告他们看到了奇怪的东西。

最终，拉里鼓足勇气，射破几只气球，然后慢慢地降落了。躺椅下部悬垂的绳索缠住了电线，造成长滩附近停电20分钟。拉里爬到安全地面，早等在那里的洛杉矶警察局人员一

---

① Sears，美国最大的百货公司。——译者注

拥而上，把他逮捕了。当拉里被铐上手铐带走时，报道这场
"勇敢救援活动"的一名记者问他为什么要这样做。拉里淡然
答道："一个男人，总不能整日坐着啥也不干吧！"

幸运的是，我们并不需要进行如此高度的旅行——或是逃离人群。

旅行贴士

25 年来，我做过多次旅行。我已记不清自己飞行过的英里数，但
一定是超过 300 万。我坐过各种各样的飞机（除了飘浮的草坪躺椅外），
在各种各样的情况下飞行过，去了 7 个大洲中的 6 个。不论去哪里或者
干什么，我总是发现：结伴旅行总比独自旅行慢得多。

今天，当我跟家人一起上游艇时，我又想起这个。一个人出差，我
会风驰电掣地赶到机场，很快就上了飞机。我对大多数机场熟门熟路，
知道如何不排队，而且还不需要检查行李。如果只是玛格丽特和我两
个，我们依然行动迅速。结婚 35 年了，一起旅行过无数次，我们会配
合得很好。但是，当我们跟一大家子——两个孩子，他们的伴侣，还有
所有的孙子辈——一起出发时，请相信我，这会慢得多。如果把我的父
母或玛格丽特的父母，或双方的同胞兄妹及他们的家人带上，会慢上好
几倍。我喜欢跟家人待在一起的时光，拿什么也不愿意换，但是，在开
始这样的旅行时，我知道我们的节奏会很慢。

我得承认，我并不是一个很有耐心的人。我总在想：这些人怎么这
么磨蹭呢？在路上、商店里、工作中、高尔夫球场上以及其他许多地方
都是如此。一个老友称我为"活力兔子"①。一个好消息是，虽然我已
没有 20 多岁时的活力，但依然精力充沛，即便已逼近 60 岁。坏消息
是，当我年轻时，我总是瞥一瞥同一机构里的人，然后把他们甩在后
面——这对一个领导者并不好。我必须学会跟人建立起联结，培养起耐
心。在关系建设中，这里有两个关键步骤：

> 光有耐心，缺乏联结——关系就缺乏动力

---

① 美国"金霸王电池"的广告中，有一只兔子，永远在动。——译者注

光有联结，没有耐心——关系就缺乏潜力

既有联结，又有耐心——关系两"力"俱全

如果你想让关系持久，就需要"动力"和"潜力"两者兼备。

把耐心看做一种美德

几乎每个人都同意有耐心是一种好品质——钦羡它并渴望得到它。然而，最需要耐心的人却不想费工夫去培养它。我们需要耐心来培养起耐心。所以，我们如何超越这"第22条军规"[①]？答案是做一个计划。这里有6个步骤，你可以采用，**把自己培养成关系中更有耐心的人：**

1. 首先把"耐心"看做一种值得培养的美德

阿诺德·格拉斯哥经常被引用的一句话是："**一切事情的关键在于耐心。得到小鸡靠的是孵化鸡蛋，而不是打碎它。**"长远来看，你会发现待人有耐心对你的好处，但是短期内你可能看不到回报。它是你必须等待的东西。如果你是一个缺乏耐心的人，正处于痛苦地逼迫自己有耐心的阶段，要知道：你身边的人会立刻从你那里受益。古希腊哲学家亚里士多德说过："最大的美德，是对别人有用的美德。"

2. 明白建立起良好关系是需要花费时间的

在人生中，所有真正有价值的东西都需要花费时间去建立，在关系中也不例外。进入关系圈的人越多，需要的时间就越长。举例来说，想一想，一个工作团

> 最大的美德，是对别人有用的美德。
>
> ——亚里士多德

队需要多长时间来建立关系并形成默契的配合？两三个人的团队可以很快熟悉彼此，很快学会在一起工作。5个人的团队就需要更长的时间。

---

① 约瑟夫·海勒写过一篇小说《第22条军规》，讲述美国空军一支飞行大队的故事。第22条军规其实并不存在，但问题是每个人都以为它存在，理解不一，造成诸多麻烦。此处取意于此。——译者注

如果你的团队有 9 个或 10 个人，那可需要很长时间才能把他们凝聚在一起。即使是在最好的情况下，你跟一个人一见如故，还是需要时间以真正建立和加深关系。所有良好的关系都需要时间。

3. 实行"交换法则"

培养耐心，你需要了解别人如何思考，并对他们的感受很敏感。每个人都认为：

> 自己的问题是最大的
>
> 自己的玩笑是最有趣的
>
> 自己的祈祷应该被另眼相看
>
> 自己的情况是不同的
>
> 自己的胜利是最值得作为典范的
>
> 自己的错误是应该被忽视的

换句话说，我们每个人都认为自己的境况是最值得给予特殊关注的——别人对我们应该有额外的耐心。相反，我们应该把位置颠倒过来，站在别人的立场上（我在"交换法则"中已做过解释），对他们特别有耐心。

下次，你再对某个拖你后腿的人不耐烦时，想想这个故事：一位年轻女士的车正好在红灯时熄火了。她一次次地尝试发动，可车纹丝不动。灯已经变成绿色了，她坐在那儿，恼怒又尴尬，造成了交通堵塞。紧跟在她后面的车绕不过去，司机拼命按喇叭，让她更加火上浇油。

绝望中，她又试了一次，还是启动不了。她下车，走到后面的那辆车边。车里的男人吃惊地把窗户摇下来。

"我跟你说，"她说，"你去发动我的车，我坐在这里对着你按喇叭。"

4. 认识到是"人"带来和制造问题

谈到人的时候，有好消息，也有坏消息。好消息就是，你生命中的某些人会成为你的快乐之源；坏消息是，正是这同一群人，可能会给你带来大麻烦。在家中如此，在工作中也如是。你在领导的位置上爬得越高，这样的问题就越棘手。领导力专家沃伦·本尼斯和伯特·纳努斯的发现证实了这一点。他们说："我们发现，头衔越高，人际和人事问题就越多。我们的高层管理人员把近90%的时间都花在跟人在一起，用了近乎相同的时间来处理人事的问题。"

当你决定跟别人发展一段关系时，记住这是个"一揽子"的交易。你不能光想得到好处却不承担义务。每个人都有问题、盲区和坏习惯。你有缺点，会期望得到宽容，那就尝试给别人同样的宽容吧。

5. 认清别人对你需要耐心的地方

谈到缺点时，最好明白我们有什么样的缺点。比如，我就知道跟我最亲近的人需要对我的行事风格有耐心。讽刺的是，第一条就是要容忍我的急躁（我正在努力改正）。其他还有许多。我开玩笑地问过助手琳达·埃格斯，数一数她长期以来忍受着我的哪些缺点。她不假思索地就列出一大堆。这是她说到的前几个：

- 我总是丢手机和眼镜。
- 每次讨论计划时，我总有许多选择。
- 我总是改变旅行计划和需要。
- 我把日程排得太满，结果事情根本做不完。
- 我讨厌拒绝别人。
- 我希望一周7天、一天24小时都可以给她打电话。

肯定还有许多许多，但这就足够了。如果我能想着别人在很多地方对我有耐心，我就能够记得对别人有耐心。像我这样做一下，相信在你身上也会取得同样的效果。

6. 明白所有的关系都有放弃、让步和互相给予和接受

所有的关系都有波折。这不意味着关系有多好，或者持续有多久。我们不能总是按照自己的意愿行事。有些事情，我们必须明白：

- **有时需要放弃**。有些事情我很喜欢做，但是此刻我不能做。譬如说，孩子小的时候，我就必须放弃打高尔夫球。因为这项运动太耗时间，能跟孩子待在一起更重要。
- **有时需要让步**。有些事情我不喜欢做，但是此刻我必须做。我并不是特别喜欢运动，但是我真的想跟家人和朋友多待上一会儿。于是，我几乎每天都踏上跑步机。
- **有时会是互相给予和接受**。有些事情，我们此刻就可以为彼此去做。记得有一次，玛格丽特去了一位女士的修养所。她打电话给我，因为她希望本来能够在家里等我。挂断电话后，我决定去接她，给她一个惊喜。单程需要两个小时，但是却非常值得我跑一趟。

我应该提醒你，没有人能够逼你放弃、让步或是给予和接受。这都是自愿的行为。如果你想让关系持久，就得灵活行事。接受心理学家乔伊斯·布拉泽斯的建议吧，他说关系应该遵从行船的一条法则："灵活的船只，应该避让那些笨重的家伙。"

写这一章时，我开始想自己"亲密圈子"里的人，他们跟我的满足和成功是密不可分的。有些人比我敏捷，有些人会更磨蹭。但是，跟他们在一起，我会努力做到以下几点：

服务他们：让他们自主行事，必要时帮上一把。

指导他们：回答他们的问题，为他们树立榜样，必要时给予引导和纠正。

珍视他们：聆听他们的想法，尊重他们的立场，永远不破坏他们的自主权。

报答他们：好好照顾那些照顾我的人。

谈到"耐心法则"，这里有一本账：如果你单独行动，可能会快很多，但旅途也没有太大意思了，你可能都不想走远。跟一些人在一起，为关系计，你得赔上一些耐心；跟另一些人在一起，为回报计，你需要花上一些耐心；跟二者以外的人在一起，为关系和回报二者计，你也需要耐心。每段关系都需要你有耐心，但最终你会发现你的努力是值得的。

讨论问题

1. 有没有对人特别没耐心的性格类型？如果有，描述一下。有没有特别慢的性子？这两种性格的人如何展开积极的交往？

2. 想想跟你最亲近的三五个人。你认识他们多久了？交往是如何开始的？当你首次见到他们时，想到将来会成为好朋友吗？你在交往中的"投资"是有意识的吗？发展起深层的关系花了多长时间？你能够加快这个进程，还是它就得需要那么长的时间？

3. 什么情况让人对别人不耐烦？什么情况让你对别人不耐烦？这对关系有什么副作用？你如何改变自己的态度和行动，让自己有耐心，以跟别人保持联系？

4. 在哪种关系中，最难让你放弃自己想要的、让位于别人的需求和先予后取，以利于关系的顺利进行？你的目标对此有什么影响？价值观呢？在哪种情况下，放弃和退让是错误的？如何在"付出"和"回报"之间找到平衡？你能够确认关系没有失衡吗？

5. 你的哪种行事风格、特性或怪癖让别人必须对你有耐心？（若你认为自己没有，请跟 3 个好朋友或家人谈谈，让他们告诉你。）为什么别人应该在这些地方对你有耐心？你认为别人对你的耐心是该做的，还是发自内心的感激？请做出解释。

庆祝法则

对人际关系的真正考验，
不是朋友落难时我们多么忠诚，
而是他成功时我们多么高兴

凡人不想让别人有超凡的表现。

扪心自问：我为朋友的成功感到高兴吗？

我相信本书的所有社交法则，并在生活中身体力行。但是，"庆祝法则"对我来说有着特殊重要的意义。在生命的早期，我就非常幸运。4 岁时，我就知道一生要干什么了。我有一个良好的成长环境，父亲在行业里经验丰富、成就非凡，我将追随他的脚步。这种情况跟足球领域的曼宁家庭很相似。国家足球联盟出色的四分卫佩顿·曼宁（以及他的弟弟伊莱）的父亲是为新奥尔良圣徒队服务的阿切·曼宁。于是，他们在足球领域就有了 99% 的孩子不具备的良好起点。

除了从父亲那里获取经验和受潜移默化的影响外，我还得益于他很强的领导力。在对我的培养上，他极具策略，很早就确定并开发我的强项。高中毕业之前，他送我参加了好几次戴尔·卡内基的讲堂，让广泛阅读伴随我的成长，并把我带去见当时最伟大的几位牧师。我得到的好处无法道尽，只能从心底表达深深的感激。

如此培养的结果是我很早就在职业生涯里获得成功。在教派里，我得到过很多次"第一名"。我是被选为参与全国事务的最年轻者；我是第一个把教堂改名，以使其更接近社区的人；我是最早有"大作"出版的人；我还是第一个在礼拜日让教堂里平均人数高于 1000 的人。

不幸的是，在这些年，我可能是整个教派里最孤独的人。好处就是，当我失败时，很多人不会吝啬同情；但当我成功时，却没有几个人愿意为我鼓掌。我认为同事们是跟我一起的，但他们显然不这么认为。好多次，只能是玛格丽特和我孤零零地庆祝。

我对"庆祝法则"的认识

早年的经历给我们很多教训。我们学到的东西对你可能也有用：

没人一起庆祝，成功的快乐就会大打折扣

当我做了一年牧师之后，去参加教派的会议时，我是欢欣雀跃——为我教堂里的那些改观。我时时刻刻在帮助人，我觉得自己对社区做出了贡献。我热情迸发，无可抑制。令我大为吃惊的是，没有人愿意分享我的激动！他们用怀疑和轻蔑的目光扫过我。这真让我灰心丧气。剧作家奥斯卡·王尔德的话没错："人人都能同情朋友的苦难，可要欣赏对

方的成功，那就非得有好品性不可了。"

我跟玛格丽特谈过之后，决定不能让别人的冷漠打消了我们的热情。我们也决定，若有朋友成功，就跟他一起庆祝——如果他们能超越我们，我们还要为其大声喝彩呢！

这也是我喜欢跟年轻领导者一起开会的原因之一。这让我有机会向他们祝贺——肯定他们的成功。我希望他们能够大受鼓舞，再接再厉。知道别人期望自己成功，他们肯定会卖力去干的。

成功者只是少数，多数人还是失败的

数年前，我写了一本书，名叫《转败为胜》。在准备动笔阶段，我就这个题目在全国展开巡回演讲。我发现，每个人都认为自己是失败的。当我告诉大家他们需要知道如何把错误当做垫脚石，去尝试，失败，再去尝试，直至取得成功时，台下是一片热烈的掌声。他们想知道如何转败为胜。

多年来跟人打交道的经验让我明白了一个道理：你也许能用成功换来刮目相看，但要打动别人，你就得跟他们分享失败。每个人都失败过，所以，这是建立联结的高招。

问题还有：因为人们已经习惯失败了，所以，跟成功握手可不是那么容易。如果他们成功不了，就会转为仇恨成功。

把人拒于成功门外的因素常常阻止他们去向别人道贺

阻碍人们成功的因素——缺乏安全感、心胸狭窄、爱得红眼病等——常常也阻碍了他们去向别人道贺。他们总是拿自己跟别人比较，找自己的优势，结果很难跳出自己的狭隘小圈子。

职业演说家乔·拉森曾说："我的朋友总不相信我能够成为成功的演说家。于是，我努力去实现成功。我冲破圈子，找到一些新朋友。"这很令人难过，但有时候必须这样做。

跟你一起庆祝的人会是终身好友

回到我职业生涯的早期，那时，成功时跟我一起庆祝的除家人外还有两个：戴夫和玛丽·沃恩。戴夫比我早入行几年，他总是在我实现目标或达到阶段性成功时向我祝贺。即使我的教堂变得比他的还大，我的

名声也更响，他还是一如既往。35 年后，他和玛丽还是跟我们在一起庆祝。

2003 年 10 月，在凯特斯利①举行了一次年轻领导人会议，由我的同事安迪·斯坦利主持。安迪是一名真诚有效的沟通者。他领导的北点社会教会（Northpoint Community Church）是全美最有声望的教堂之一，每周要接待 1.5 万多人。（即使你不熟悉教会领域，也要知道北点教会在全美所有教堂中排名前 1%。）

会议的下半部分，安迪列举了把领导者绊倒的不良品性：负罪感、暴躁、贪婪和嫉妒。安迪承认，在听别的成功人士演讲时，他时不时地也会冒出"同行相妒"的火星。他说："对同行的成功，我必须做额外的努力才能向前祝贺。"

妒忌的火星甚至烧到安迪的密友身上，其中包括开源机构（Choice Resources）的负责人路易·吉奥里。安迪这样描述说：

> 路易和我自 6 年级就是朋友……我们在青年营的一张下铺床上相识，当时学长们正在上铺打得热闹。路易是个杰出的沟通者。当我在自己的教堂里宣布路易·吉奥里下周会来演讲时，大家都热烈鼓掌，结果主日来了很多人。接下来四五天里，每个人嘴里还念叨着："噢，路易，路易，路易……"

安迪接下来讲，路易每次演讲时听众是如何爆满，分发的资料是如何珍贵。每次安迪听他演说时，都有一丝丝按捺不住的妒忌。

这种感觉会毁掉安迪和路易的友谊，那友谊本身就已很深了。他们不但工作在一起，家人也走得很近，他们甚至还一起去度假。安迪是如何对付自己的妒忌呢？通过庆祝路易的成功。当路易有什么精彩演讲时，安迪就"强迫"自己去夸奖他，跟他一起庆贺。路易对待安迪也是如此。安迪说："脑袋里光想不行，还得说出来，这就是我净化心灵的办法。通过庆祝来打败妒忌。"

---

① Catalyst，美国著名的半导体公司。——译者注

当一个派对发起者

安迪并不是特例。如果大多数人坦诚的话，会承认在看到别人的成功时有几分眼红和妒忌——即使成功者是自己的好友。我知道自己曾同妒忌战斗过。你呢？你如何学会同别人庆祝而不是漠视或挖苦？从以下的 4 件事做起：

1. 认清这并不是竞争

一个人兴不起多大风浪。缺少帮手，是很难取得成功的。即便你已取得成功，缺了朋友的祝贺也会让人觉得索然寡味。生活，在一群你爱的和爱你的人之间会变得更美好。

当我思考群体的价值时，许多感想就涌上心头：

> 我跟别人在一起才会取得成功。
>
> 我从别人那里才能学到东西。
>
> 我的缺点要靠别人帮忙改正。
>
> 我的服务精神只有在别人的引导下才能得到检验。
>
> 我的影响通过别人才能倍增。
>
> 我的领导要集中在别人身上。
>
> 我最好的东西只能给别人。
>
> 我的遗产只能留给别人。
>
> 所以，我应该致力于为别人服务，并跟他们一起庆祝。

别人会影响到生活的各个方面。多数时候，我的态度决定这些影响是积极的还是消极的。

娱乐明星贝特·米德尔说："成功最糟糕的一面是四处找人替你高兴。"不要把朋友、家人和团队成员看做竞争对手。做一个难得的、为别人的成功感到高兴的人。

2. 别人成功时，表示祝贺

不是每个人看待成功的方式都跟你一样。谈到"庆祝法则"时，你必须乐意从别人的角度看问题。他们的梦想是什么？他们定下何种目标？他们正在付出何种艰辛？当他们达到一些自认为重要的目标时，跟他们一起庆祝！若一个朋友取得的成就是你早就有的甚至有点儿不屑的时候，要特别当心。一定要满腔热情地祝贺他。永远不要窃取别人的掌声。

3. 肯定别人尚不自知的成功

有时候，人们有了大进步可自己还不知道。你有没有节食或做运动，坚持不久就发现自己很难支撑下去，这时有个朋友告诉你看起来很不错？或者是你有没有做过一个项目，当你正在为进展感到泄气时，有朋友对你跷起了大拇指？这会让你精神振奋，更卖力地去做。如果没有这样的朋友，你就需要找到一些新朋友——那些拥抱"庆祝法则"的人。

4. 经常跟亲密的人一起庆祝

人们与你越接近，关系就越重要，你就越应该庆祝。早日庆祝，并常与你最近的人——尤其是你的伴侣和孩子，若你已成家——一起庆祝。通常，人们喜欢庆祝工作上、业余爱好上或体育上的胜利。可是，生命中最大的胜利是发生在家里。

我的朋友丹·赖兰说："一个真正的朋友，鼓励和挑起我们的斗志，激发我们最纯洁的动机，实现我们最宏大的梦想。"这就是我们需要对生命中最重要的人做到的。

我得承认，工作中，我并没有总是把"庆祝法则"实施好。在家中，这一点倒是做得很好；但是，在职业生涯早期，我太争强好胜。我总是要得到，也很清楚自己在同事间的排名。排名往

> 一个真正的朋友，鼓励和挑起我们的斗志，激发我们最纯洁的动机，实现我们最宏大的梦想。
>
> ——丹·赖兰

上升时，我就暗自窃喜。但是，当我要达到顶端时，有些事情发生了。达到目标并没有我期望的那么快乐。我觉得少了点什么。

在80年代末和90年代初，我终于开始转变了。**当我年届不惑时，**

我认识到要想实现目标，需要别人的帮助。我开始努力地教下属去学会领导。起初，我的动机有些自私。但是，当我帮助别人成功时，自身感到了莫大的快乐，且不管它对我个人有没有好处。

我发现把别人带在身边，旅程会快乐很多。如果你双眼只盯着自己的成功，是很难认识到这一点的。如果你想让别人同你一起成功，你就得鼓励他们，为他们的成就干杯。这不仅让他们有动力去追寻梦想，还让他们很享受奋斗的过程。当我开始走出去帮助别人并庆祝他们的成功时，我发现那比我自己成功都更快乐。

现在，我努力跟尽可能多的人一起庆祝——不光是我的家人、朋友和工作在一起的同事，还有交际圈子以外的人。在成功的道路上，能鼓励和帮助的人越多，我就越高兴。如果你帮助了足够多的人，派对就永远不会终止。

讨论问题

1. 你是否同意，与成功相比，大多数人更习惯失败？请对你的回答做出解释。成功的人拥有哪些别人没有的特质？庆祝时刻，他们还需要来自朋友的鼓励吗？为什么？

2. 有些人即使是庆祝自己的成功也有麻烦。为什么会这样？庆祝成功时，你会怎么做？你会花时间庆祝目标的实现和阶段性成功的取得吗？如果不，是什么原因？如果你还没看到自己的成就，你会热情地赞扬他人的成就吗？怎么做才能改变你对待自己和他人的态度？如果你确实为自己的胜利和成就庆祝，如何把握限度？为什么？

3. 谁跟你一起庆祝？朋友、同事或家人会跟你一起快乐吗？如果没有，你就需要培养一些新关系，找到更愿意激励你和欣赏你强项的人。如果有，那就谢谢他们的支持，并保证跟他们一起庆祝。

4. 哪种是你本能的倾向：参与竞争还是培养合作？人能够一方面竞争，另一方面有效施行"庆祝法则"吗？人能够本性上喜欢合作，却忽略了跟别人一起庆祝吗？做出解释。人如何做，才能摒弃性格的弱点，从内心深处培养起"庆祝精神"？

5. 想想那些你特意与之庆祝的人。在你生命中，还有没有其他人，会从你的祝贺中特受鼓舞、振奋？在你生命中，哪位是你有责任通过祝贺来鼓舞的人？你将用哪些不同举措来帮别人庆祝？

高路法则

当我们待别人
比他们待我们更好时，
我们就达到了更高的境界

在后院掘一个大坑，把朋友的过错都埋进去。
——亨利·沃德·比彻

扣心自问：我对待别人，是不是比别人待我好？

1842 年，13 岁的威廉·布斯的生活改变了。他的父亲塞缪尔·布斯丢了生计。老布斯曾是一个钉子制造商，后来这门行当被大规模生产挤垮了，他转而去做小打小闹的建筑商。时运不济，接二连三的经济衰退给他以致命的打击，最终老布斯退出这个行业。全家顿时陷入困境。于是，威廉（他是吃穿不愁长大的，家里也有钱让他受教育）被送出去学一门手艺。他在英国诺丁汉一个贫苦街区的典当行里当了学徒。

"好好挣钱！"这是老布斯给儿子的建议，次年，他就死于破产。布斯在学手艺的时候，的确学到了一些赚钱门道。但是，他的学徒生涯也给了他另外一种教育。他在典当铺子里干，每天打交道的都是穷苦人。后来的传记写道："他目睹了贫穷带给人们的苦难。"结果，他毫不奇怪地在当学徒期间成了一名信徒——基督徒。

心灵的转变

1849 年，布斯搬到伦敦，在泰晤士河南岸一个贫穷街区的当铺里谋到一个职位。干了仅 3 年，他就放弃了这份工作，转而成为牧师。他看到，信仰可以拯救那些为生存挣扎的人。他开始了终生的使命，目标有二：拯救迷途的灵魂和匡扶社会正义。

起初，他在新循道会当牧师，后来当巡回传教士。1865 年，当地一些人听了他在伦敦东区瞎丐坡前的讲道后，他被征募到后来称为信徒布道会的"帐篷布道会"里工作。

从那时起，布斯就在伦敦最穷苦的人面前讲道。东区集中了整个伦敦市一半的乞丐、流浪者和饿汉。他早期的皈依者是一些最无可救药的人：小偷、妓女、赌徒和醉鬼。他努力地想帮他们做出改观，可苦心并没有人领情，即使是他想拯救的人也不买账。

他和同伴们遭受冷遇，疲惫不堪。当地的小店老板们想方设法地破坏他的努力，甚至街上的顽童也通过窗户向他们的聚会厅扔石头和炮仗。布斯的妻子凯瑟琳说："他每夜都是一瘸一拐地回到家，带着满身的疲惫和一脸的憔悴。他的衣服常常被撕破，沾满斑斑血迹；他的头上缠着绷带，是给人拿石头打破的。"但是布斯不会报复，他也拒绝放弃。

布斯努力地喂饱穷人，收容流浪汉，同时传播他的信仰。他的组织不断壮大。1867 年，他已经有了 10 名全职工作人员。1874 年，已经有 1000 多名志愿者和 42 名传教士跟自己一起工作。1878 年，机构改组，布斯给它重新命名。从那时起，这个机构就被称为"救世军"（Salvation Army）。

然而，这并没有终止反对者的破坏。布斯被改革者沙夫茨伯里伯爵贴上"反基督"的标签。一个反对组织成立起来，设法阻止布斯和同伴们的步伐。他们自称为"骷髅大军"。1882 年 11 月，《拜什纳尔格林东区邮报》刊登了一篇文章，这样描述他们：

> 过去几周，一群真正的、不折不扣的下层暴徒出现在本区。这些流浪者自称"骷髅大军"……他们的目标是通过到处跟随、敲锣打鼓、高唱小调，来使"救世军"的队伍混乱，服务无法进行，从而被迫解散……"骷髅大军"的成员大部分是……流浪汉和大流氓……（和）声名狼藉的被教会驱逐者，他们痛恨伦敦的学校、教育和禁酒令。他们看到自己不道德的行当即将结束，要进行最绝望的反扑。

面临如此恐怖的遭遇，"救世军"的工作人员和志愿者们顶住了，他们救助了不计其数的人，还经常把迫害自己的人感化并使其皈依。

1912 年，威廉·布斯已经 83 岁高龄，他做了最后一次公开演讲。演讲中，他表述了自己投资于人的信条：

> 当女人们流着眼泪的时候，我会去奋斗；当小孩子们忍饥挨饿的时候，我会去奋斗；当男人坐了牢，正进去出来、出来又进去时，我会去奋斗；只要还有一个醉汉、一个街头迷路的贫苦女孩、一个没被主之光辉照耀的黑暗灵魂，我都会去奋斗——我会奋斗到底！

3 个月后，他走了。正如一位观察者所说，带领"救世军"30 多年的"将军"去接受荣耀去了。

威廉·布斯毕生实践着"高路法则"。他总是待别人比别人待他要好。结果，他活在最高的境界，精神上和职业上都是。我非常钦佩威廉·布斯本人，但我得说，我并不总是相信"高路法则"。

> 只要还有……一个没被主之光辉照耀的黑暗灵魂，我都会去奋斗。
>
> ——威廉·布斯

少年时，我的父亲梅尔文·麦克斯韦尔是基督教圣经学院的校长。我常常郁闷地看到学校的董事们很不合作并使我父亲为难。然而，不论董事们怎么对待他，父亲从来不报复，他总是选择高路。那个时候，他的做法让我怒火中烧。

长大后跟更为难缠的人一起工作时，我更好地理解了父亲的举动。我认识到，**如果你想甩光泥泞的话，你就失去土地了**。跟别人打交道时，真的，我们只有 3 条路可以走。我们可以走上：

低路——我们对待别人，比他们待我们更坏
中路——别人怎样对待我们，就怎样待他们
高路——我们对待别人，比他们待我们更好

低路会破坏关系，让别人远离我们。中路可能不会把人赶走，但也不会有吸引力；它是消极的而非积极的，会让别人主导我们的生活。高路会带来积极的关系，吸引别人走近我们；它做出的积极行动让坏人也觉得难以破坏。带着从父亲那里得来的启发，我决定在每天同人的打交道中，选择走高路。

高路上的行者

高路上的行人的确不多。我这样说，是因为**走高路要求人的思维和行动要跳出本能的或一般的模式**。那些执行"高路法则"的人，是善意的施与者和接受者。据我观察，高路行者有几个共同点：

高路行者明白，外界的影响并不重要，内心的想法才最关键
南北战争期间，邦联将军 W. H. C. 怀廷很妒忌与自己分庭抗礼的罗伯特·E. 李将军。于是，怀廷到处散布李将军的谣言。终于，有个千载难逢的好机会降到李将军眼前。杰弗逊·戴维斯总统正在斟酌要不要好好提拔一下怀廷，他征询李将军的意见。李将军二话没说，马上表示支持，并替怀廷说了不少好话。在场的官兵当下就震惊了。后来，其中一人问李将军：难道你忘了怀廷说你的那些坏话了吗？

李将军答道："我知道总统想知道我对怀廷的意见如何，而不是怀廷对我有什么看法。"

新闻主持人大卫·布林利认为：**"成功人士可以用别人掷向自己的砖头垒出坚实的基础。"** 这正是高路行者的做法。他们恪守自己的核心价值观，以此出发来待人接物，而不因外界的环境而改变。

高路行者会一如既往地沿着高路走下去

几乎每个人都能够时不时地在别人的凶恶面前保持善意，可是，要一直这么做下去就难了。赫克托·勒玛克说："大多数人每天都能做出好的选择，可是，他们做得还不够，不足以形成良性循环并直抵成功。"这洞穿了总是走高路者的收获：他们创造出良性循环。他们还收获了好的人际关系。为什么呢？因为今天的好好待人会换来明天的有利处境。

高路行者看到自己很需要善意，于是，他们给予别人善意

我曾读过一句口号，说："人非圣贤，孰能无过——《员工守则》不会原谅你的过错。"很有意思，不过也反映了人的天性是不喜欢在别人犯错时高抬贵手的。让我们正视这个问题。是人都有缺陷。高路行者认识到人类的弱点，知道自己需要别人的宽容，于是更乐意向别人表达善意。

我读过最能阐释此观点的故事是《密室》作者彭柯丽女士（Corrie Ten Boom）的亲身经历。二战期间，她和家人参与地下工作，把犹太人藏在家里以躲避纳粹的屠杀。行动泄露后，他们被盖世太保抓了起来，送往芮温斯布鲁克集中营。家人全死了，她因文件上的错误，有幸存活并挨到被释放的那一天。

彭柯丽是个信念坚定的女人，战后，她经常发表演说。1947 年，她回到芮温斯布鲁克，宣讲上帝对德国人的仁慈和原谅。讲完后，她发现自己正跟当年集中营里最凶狠的守卫面对着面。

"他站在那里没几分钟……伸出手，"她写道，"可我觉得有几个小时，因为我心里正在进行最艰难、最痛苦的斗争。"最后，她向他伸出了手，握在一起，原谅了他。她做了高路上最最难做的一件事。

高路行者并不是牺牲者，他们选择去服务他人

高路上的行者绝不是因为无路可走才踏上这条路。他们这样做，是因为渴望为他人提供服务。他们就像那个金婚纪念日上告知别人幸福婚姻秘密的祖母。她说："在我婚礼的当天，我决定列出丈夫的10条错误——为了家庭美满，我可以视而不见。"客人们陆续告别了，一位少妇问老太太，能不能说说她忽略了丈夫的哪些错误。

"跟你说实话吧！"老祖母说，"我还从来没开始数呢。因为不论什么时候丈夫把我气得直跳脚，我就跟自己说：'算他运气！他犯的正是那10中的1个！'"因为高路是难走的上坡路，没有谁是碰巧走上去的。

高路行者给自己定下比别人更高的标准

詹姆士·米切纳——《南太平洋故事集》、《得克萨斯》、《百年镇》、《宇宙》以及其他许多书的作者——是一个多产的作家，他因文笔高超、作品畅销而极负盛名。可是，他有一个恶意批评者，多年来像芒刺一样不离左右。

襁褓里即被遗弃，所以作家不知道自己的生身父母是谁。上天眷顾，他被一个寡妇抱回来并收为养子。他跟从新家庭改姓了米切纳。可是，每次他有新书出版时，就会收到来自米切纳家族某位成员的侮辱条子。这个"亲戚"诘难他，说他玷污了米切纳这个姓，说他根本不配用这个姓，即使获过普利策奖也不配。

除了批评之外，米切纳还真的同意这个"亲戚"说的一点。他把那句话记得清清楚楚："你以为你是谁？你还想超越自己吗？"米切纳说："我终生都在努力超越自己，我跟怀有这种渴望的人都是兄弟。"

喜欢高路的人可以实现卓越的目标。如果我们做到：

> 比别人多关爱——是明智的
>
> 比别人多冒险——是安全的
>
> 比别人多做梦——是现实的

比别人多期待——是可能的

比别人多工作——是必须的

当我们用高标准来要求自己时，我们就不会防卫心理太重，以致在受到攻击时选择"低路"。我这样说，是因为当你知道自己已尽己所能时，再有批评，就把它当做雨水从肩头滑落好了。

高路行者激发出别人最好的一面

你听过那篇狮子和臭鼬的寓言吗？一个骄傲、大嗓门、特别令人生厌的臭鼬向狮子挑起决斗。狮子断然拒绝了。

"哈！"臭鼬嘲弄道，"你不敢跟我打！"

"不对。"狮子回答道，"我干吗要跟你打？跟我打，即使你的小命被我送掉——我会要你的命——你也死得很光彩。可对我有什么好处？打败你我什么也得不到。反过来还被碰到的相识说我居然跟一只臭鼬为伍。"

只有高路能够激发出别人最好的一面。哲学诗人约翰·沃尔夫冈·冯·歌德说："把别人当做高尚的人来对待，你就有可能把他变成真正高尚的人。"

高路行者展现出自己最好的一面

永远最善意地对待别人，你就会改变对这个世界的看法——以及对自己的看法。亚伯拉罕·林肯总统说："当我将死时，希望那些最懂我的人，说我总是在锄去蓟草，让花长在它应该盛放的地方。"这就是长时间以来"高路法则"对人内心产生的影响：它锄去遍布的荆棘种子，改种上鲜花。你对待别人的方式，就是你在这个世界上的宣言。你是在发表自己期望的宣言吗？

如果你还没有实践过"高路法则"，我希望你从今天起能够向它张开双臂。这可能是你在一段关系中所能做的最好投资了。如果你需要一点帮助，才能踏上高路，那就遵从下面的指引吧：

1. 在"善意街"上长久行。
2. 向右转，走到"原谅大道"上。

3. 千万不要进入"报复巷"，因为那是死胡同。

4. 爬到小山之巅，高路即现眼前。

5. 踏上高路，沿着它走；如果迷路，向主寻求帮助。

高路绝不是一条容易走的路，但它是唯一通往人生最高境界的路。

讨论问题

1. 你如何定义"高路"？为什么很难对一个老是拿"低路"对你的人采用"高路"？别人对你采取的哪些"低路"行为，让你觉得特别难以逾越或忽略？

2. 为什么大多数人选择了"中路"？这对关系有什么影响？一个人能够待在"中路"上的同时还做一个人际投资者吗？试解释。

3. 持有报复心理时，对关系有何影响？生活中，一个人能不能在某一方面念念不忘报复，而不会影响到其他关系？复仇心重，对一个人的情感、健康、精神有何影响？

4. 描述人际关系中的一个艰难处境——你最终选了走高路。为什么这么难？你如何克制住自己，以做出善意回应？这是不是你经常使用的一个有效策略？你从哪里学到的，或如何自我形成的？

5. 你同不同意，走高路会展现出你最好的一面？请解释。

在继续之前，让我们回顾一下有关"投资问题"的人际法则：

园丁法则：所有的关系都需要培养。

101%法则：找到1%的共同点，给予100%的努力。

耐心法则：结伴旅行会比独自旅行慢得多。

庆祝法则：对人际关系的真正考验，不是朋友落难时我们多么忠诚，而是他成功时我们多么高兴。

高路法则：当我们待别人比他们待我们更好时，我们就达到了更高的境界。

协同效应问题

我们能够培育出
"双赢"的关系吗？

"双赢"是一种总是与人寻求互惠的思维方式和心态。
"双赢"是基于这种模式来运作，
即一个人取得成功并不需要牺牲别人的利益或排挤他人的成功。

——史蒂芬·柯维

如果坦诚的话，我们都会承认：有一些人我们喜欢与之在一起，有一些人则不然。是什么把我们渴望拥有的好关系和那些对我们无用的关系区别开来的呢？答案是协同效应。有些关系是"双赢"的，对大家都有益。

我相信每段关系都有双赢的潜力，即使最终不见得全部达到双赢。**只要双方都抱着一种"投资"的心态去开始这段关系——双赢常常就是自然而然的结果。**

双赢关系最妙之处是它可以在生活的所有领域、各种关系中形成：夫妻之间可以，父母和子女之间可以，朋友和邻居之间可以，老板和员工之间也可以。只要双方能始终保持"付出"的态度，并从对方那里得到满足，就可以发展出互惠的关系。他们给予彼此的"价钱"不必是一样的。他们可以给予彼此全部的爱，或者是一个人对另一个人忠心敬仰，另一个人则给他安全感。一个人可以扮演"导师"的角色，另一个人则对他充满感激。一个人可以开创起一份事业，另一个人则给他提供资金。一个人可以尽展他的幽默，另一个人则充当好的听众。只要两个人在自己喜欢的领域都能"赢"，就产生了协作效应。

下面的人际法则回答了"我们能够达到双赢吗"这一问题，会帮助任何愿意实践的人在关系中创造出协同效应。

反弹法则：当我们助人时，其实就是在帮助自己。

友情法则：条件相同时，人们只喜欢跟自己喜欢的人一起共事；条件不同时，人们还是只喜欢跟自己喜欢的人一起共事。

伙伴法则：一起努力增加了一起成功的概率。

满意法则：在美妙的关系中，只要相伴就足以令人快乐。

长远看，双方关系不平衡就无法维系长久。如果一方总是付出，另一方总是接受，付出的一方最终会筋疲力尽。反过来，接受的一方也会不满意，因为他觉得自己得到的还不够。让关系健康、持久、互相促进的唯一办法就是让每个人都"赢"！

反弹法则

当我们助人时，
其实就是在帮助自己

一个人有益于人时，才能变得真正富有。

——安德鲁·卡内基

扪心自问：我帮助别人时，得到回报了吗？

在职业生涯的早期，我缺少正确的人生观。我把生活看做赌博的老虎机，只想下最小的注，赢最多的钱。很不好意思，我跟人打交道时也抱着同样的心态。我更关心别人能替我干什么，而不是我能帮他们做什么。结果，我在"关系银行"里还没有"存钱"呢，就想着"透支"了。不用说，我是不会成功的。

跟别人打交道久了，我的思想就慢慢开始转变了。我开始学习"全景法则"，换一种眼光看人，并发现他们更多的价值。一旦我的态度变了，行动也随之改变。我开始在别人身上投资，只因为他们有价值，也是重要的。我还发现，当我全心注重自己能给予什么而不是得到什么时，人缘便好起来，关系也瓜熟蒂落，生活也更有意义了。当我把"付出"定为自己的目标后，我常常觉得，我从别人那里得到的要比自己能给予的多。

多年以来，我渐渐学会主动并经常地向别人投资。**关系中，必有一方得先跨出一步。我就想：为什么不是我呢**？我开始在生活中采取施与的态度，关注与人相处时"我"能够给予什么。我常常这样做，并不期望别人给我什么回报。我发现，当我给别人增加价值的时候，很多人回过头来想给我"增值"。如此一来，关系就发挥了协同效应，并提升到一个新的境界。

发生的事……

在"施与别人"这个问题上，你扮演什么角色？我认为只有3种角色：

1. 接受者：只接受不付出。许多人满眼都是自己，很少能有意地帮别人做点事。这样的人是接受者。他们只关心自己能得到什么，而且从来不知满足。

2. 交换者：接受以后付出。有些人注重"两不相欠"。他们乐意给予，但动机绝不是去帮助别人。他们把人际往来看成一种交换。他们愿意给予，常常是因为觉得自己亏欠那些帮助过自己的人，想把事情"扯平"。工作早年，我也这样想。我对帮助过我的人很感激，但我并不明白给别人"增值"的可贵。我也不主动付出。

3. 投资者：先付出后接受。这第三组的人，更注重别人的需要。
   他们主动付出，如果有回报就接受。他们相信，成功源于帮助
   人、关心人和激发人。他们渴望自己接触到的每人每事会更好，
   他们明白要达到这个目标最好的办法就是主动付出。讽刺的是，
   他们因为抱着主动付出的想法，往往是最早得到双赢关系中协
   同增效作用的人。

"人际投资者"有几个共同点：

投资者明白：人具有重大价值

有一次，我正给南方贝尔①的员工讲课，该公司一名经理人说：
"人是我们公司最大的增值资产。"从这句话中，我听到好的消息，也
有不良的信号。好消息就是他真的看重这群人，关心他们的福祉。坏信
号是他只知其一，不知其二。**人只有在我们乐意在他身上投资时才会成
为增值资产。**大多数人，如果没人管没人问，还会保持老样子。

投资者喜欢"反弹法则"

"人际投资者"知道，自助的最好办法是去助人。他们首先投资，
来启动这一投资进程。他们把每个人都看做潜在的朋友。心理咨询师兼
作家艾伦·洛伊·麦金尼斯说过：

> 在临床研究中，我和同事发现，友谊是通往所有其他爱的跳板。友谊会进入生命的其他重要关系中。没朋

> 人只有在我们乐意向他身上投资时才会成为增值资产。

友的人通常会难以维系所有的爱。他们容易一而再再而三地离
婚，被所有家人疏远，工作中也总是麻烦缠身。另一方面，那
些知道如何去爱朋友的人常常拥有幸福长久的婚姻，与同事相
处融洽，并享受到子女绕膝的天伦之乐。

---

① BellSouth，美国最大的无线通信提供商之一。——译者注

当你在友谊中投资时，你打开了投资的大门——也打开了最终获取回报的可能性。

投资者实践"播种－收获"法则

还从来没有哪个人光付出而没有得到回报的！你可能不相信，但这是事实。"反弹法则"是真的：当我们助人时，其实就是在帮助自己。我之所以这样说，原因在于：**不论何时我们施与别人，总会得到某种回报，影响我们的财富、价值观和美德。**

- **财富：带来经济上的价值。**当人们付出希望得到回报时，我们想的往往是物质利益。有时候，你助人会得到一些金钱上的回报。但这只是收获的一种形式，或许还不是最常见的。
- **价值观：带来成就感。**你有没有过助人不留名的经历？如果有，你就会明白你得到的不是有形的回报，而是情感或精神上的享受。只要做了符合你价值观的事，你就会受益。
- **美德：塑造性格。**我们付出，可以在很大程度上重塑性格。每次，你通过付出来克服自己"不舍得"的心理，就会让自己不那么自私。每次，你帮助别人，并没有即刻得到回报，你就会更为耐心。如此一来，性格就得以重塑。

本质上说，如果你播种，就会有收获。你收获什么要看你种下什么。播种还总得在收获前面。谈到人际关系时，情形一样。从本质上讲，播种与收获都需要时间。

投资者相信：助人是人类神圣的工作

美国文坛巨匠拉尔夫·沃尔多·爱默生建议：

> 不要愤世嫉俗……（也不要）悲悼哀叹。摆脱那些消极的论调……不要在拒绝面前沉沦，也不要设法去报复恶人，反过来，去歌颂那些好人好事……不要做于人无益的事。真心助人，就会助己，这是生命给予我们的美妙报偿之一。给年少者

指引，激发出干劲，描绘光明的前景，把木炭上的火星吹成有用的火焰；对待失败，重新去审视，并采取果断的措施：这虽然不容易做到，但这是人的神圣使命。

把"投资于人"提升到一个新高度

向别人投资是我们能够做的最高贵、最有收获的事情。不论我们做了什么去助人，都会让这个世界变得更美好。伍德罗·威尔逊总统说过："你来到世上不仅仅是为了讨生活，更重要的是让这个世界变得更充裕，人们的眼界更开阔，充满希望，并富有成就感。你来到这里，是为了丰富这个世界，忘了这个使命，你就会变得困乏不堪。"

所以，你如何"丰富"这个世界，并成为投资于人的人呢？可以遵照下面的5个步骤去做：

1. 以人为先

良好、健康、成长的关系首要的是要会为对方考虑。记住"全景法则"，设法对每个人怀有善意。开始每段关系时，给对方尊敬——即使他还没有机会向你证明他值得尊敬。对每个人都先做出善意的举动。

2. 关注投资，而非回报

作家赫尔曼·梅尔维尔认为："我们不能光为自己活着。有千条线把我们跟同胞们连着。这些线就像交感神经，我们的举手投足会作为原因传过去，转成结果传回来。"我们紧密地跟他人联系在一起，我们的命运是交织在一起的。因而，当我们助人时，自身就会受益。但这并不是我们应该双眼紧盯的地方。

投资于人就像投资于股票市场。长期努力，都会受益。但是，我们对收益结果和何时收益控制力较小；然而，我们掌控着

> 良好、健康、成长的关系首要的是要会为对方考虑。

投资什么，如何去投资。这才是我们该去花时间和精力的地方。

3. 选出一些潜力巨大的人

1995 年，我开始全职地"投资于人"，我觉得应该有策略地在 10 个人身上投资。**我的期望是选出那些潜力巨大者，在他们身上投资，帮其成为更好的领导者**。几年过去，名单上的人变了，但我服务他人的努力没变。如果有变化，那就是行动加紧了。当时，我只想给别人增值。现在，10 年过去了，我想通过给领导者增值，带来倍增的乘数效应——受益人翻倍增多。

当人们准备理财时，聪明人不会把所有的钱都放在一只股票或基金上。他们投资于几个领域来分散风险。（如果你只投资于一项，它收益不好，你就完了。）但是，**好的投资者也不会搞得自己疲于奔命。他们知道，他们只能给每项投资特定的时间和关注。聪明的"人际投资者"也是这么做**。选足你能够照顾得到的人数，他们得有巨大的成长潜力，而且他们的成长恰恰需要用你的才华和天赋来指引。

4. 得到对方同意，然后实施

你不可能帮助不想要你帮的人。道理直白得都让我不知道该不该说，但我必须得说，因为我看到一些人好心好意地去帮人，对方却并不买账。

在《领导力 21 法则》中，"接受法则"说人们接受了领导者，才会拥抱他的想法。指导关系中有"领导者 - 追随者"之间的互动。受引导者必须信任和相信他们的导师。关系越密切，信任度越高，"投资"就越能取得成效。但是，双方必须一开始就赞同对方。

5. 在合适的时间获得回报

诗人埃德温·马卡姆写道：

> 共同的命运让我们成为兄弟；
>
> 无人可以孤立；
>
> 我们带到别人生命里的东西，
>
> 最终会反馈给自己。

我相信，当人们的动机是纯洁的，是真正地想给别人增值，就不可能不收到回报。回报可能是即时的，也可能需要很长时间，但最终会出现。它出现了，关系就谱响了协奏曲。

你可能听说过海伦·凯勒的故事，那个又聋又瞎的女孩，由于安妮·苏利文老师的付出，她的一生都被改变了。苏利文走进她的生活时，凯勒才7岁，像头凶猛的小兽。但苏利文教会她沟通，引领她走入世界。到凯勒成年时，她已经可以照顾自己了。她进入拉德克利夫学院①学习，获得学位，而后成了著名的作家和演说家。

你可能不知道的是，当数年后安妮·苏利文病倒了，照顾她的人不是别人，正是海伦·凯勒。助人者变成了受助者，她早年帮助过的人反过来去帮助她。**投资于人，就像一只飞回镖，会再回到你手中，有时候还是以一种你最意想不到的方式实现。**

---

① Radcliffe College，哈佛大学下属的女子学院。——译者注

讨论问题

1. 过去，你是怎样走入关系的：作为接受者、交换者，还是投资者？如果你一直是个接受者，为什么你觉得难以向别人付出？如果你是一个交换者，你是怎样做到"两清"的？如果你是一个投资者，你是通过什么方式向别人投资的？你愿意改变对待关系的方式吗？为什么？

2. 如果你不看重人，有可能给人增值吗？解释你的答案。描述看重别人、以人为先者有哪些特点。想想你认不认识哪个这样的人。你如何让自己也做到？

3. 一个人应该如何挑选"投资对象"？被投资者需要具备哪些特点？你指引的人需要有什么具体需求或特性吗？为什么？

4. 你最大的才华或天赋是什么？这些优势可以让别人分享吗？你通过何种方式，用它来给别人增值？

5. 你有意的投资于人的计划是什么？你已经开始向别人投资了吗？如果是，进展如何？需要做哪些调整？别人做过的哪些事可能对你有益？如果你还没有制定计划，你觉得它里面应该包含什么？你见过可以效仿的模式吗？如果见过，哪些地方你非常认可？你打算什么时候开始？

友情法则

条件相同时，人们只喜欢跟自己喜欢的人一起共事；条件不同时，人们还是只喜欢跟自己喜欢的人一起共事

我能为朋友做的就是成为他的朋友。

——亨利·大卫·梭罗

扪心自问：我跟共事者是朋友吗？

如果你突然接手一个大项目，时间很紧迫，你需要拉起一帮人帮你去完成，那么你会向谁寻求帮助？你会把那些在办公室里尽给你捣蛋的人列进去吗？你会有意去跟那些与你老有摩擦的人合作吗？当然不。

如果你遇到的商业机会是千载难逢的呢？你如何去抓住它？你会翻查电话黄页来找人帮助你吗？你会在报纸上登广告，寻求商业伙伴吗？当然不。你首先会在脑子里"过"一下哪些朋友和伙伴能够帮上忙，你会选择与你关系最"铁"的那个。如果两个人都能够帮上忙，你则会选择自己更喜欢与之一起工作的那个。

读到这些，你可能觉得这都是明明白白的大白话。可是我相信，大多数人低估了友情在商业和职业生涯中的威力和重要性。他们想方设法学到最新的管理理念，一心提高产品质量；他们开发出程序或系统来提高产量，或者是增加成交量；他们还收集电子邮件地址。这些可能都有用，但真正的关键还是得看关系。在商业活动中，永远不要低估友情和愉悦的力量。

在"友情法则"中，比尔·波特的一生为我们树立了好榜样。如果说哪个人在通往商业成功的道路上遇到重重困难，比尔就是一个。他生来就患有脑瘫。从小，他的身体发育就总是落在别人后边。他的右手自一生下来就几乎不能动，舌头也不听使唤。那些所谓的专家们认为他智力迟钝、发育缓慢，劝他的父母把他送往相关机构。父母拒绝了，他们大幅调整了自己的生活方式，跟波特一起努力，帮他学会独立。波特很用功，他完成了高中学业，拿到了学历证。

一定要做到

高中毕业后，在俄勒冈就业局的帮助下，波特开始找工作了。他找到一份仓库管理员的工作，但一天之后就被解雇了。他给古德威①当收银员，但三天之后也被开除了。他在"救世军"的卸货码头干过，在退役军人管理局接过电话。在被多次赶走后，就业局把他定为"无法受

---

① Goodwill，美国著名残障慈善机构，资金来源多样，拥有自设的零售商店。——译者注

雇者"。

　　但是波特本人并没有放弃。他不想一生都靠政府的残障救助来生活。当他有机会帮联合脑性麻痹协会义卖家用物品筹集基金后，他喜欢上了。他决定从事销售。然而，找到一家愿意让自己试试的公司可不容易。最终，他说服瓦肯股份有限公司的经理给自己一个机会。公司勉强给了他一块别的销售人员都不愿意去的地区——没有底薪，根据销售额直接提取佣金。于是，波特得挨家挨户推销。

　　这一切发生在 20 世纪 50 年代。今天，波特已经 70 多岁了，他还在为瓦肯公司工作。数十年如一日，他 5：45 起床，费上两个小时来穿衣梳洗，做准备；然后，他乘巴士穿越市区到达自己负责的区域，每日蹒跚地走上 7—10 英里，挨家挨户推销香草、香料、清洁剂之类的物品。40 多年前，他拿到第一个销售奖，后来又很早地成为瓦肯公司西北区的销售冠军。在上门推销几近销声匿迹的时代，他的业绩仍在不断增长。

　　他是怎么做到的呢？他最大的资本就是坚持不懈，其次是向别人的友情传达。否则，你怎么解释一个人们都不太能听明白他的话、卖的产品在折扣商店里价格更低、使用的销售方式也是几十年前就落伍了的，而且由于自己不能写还得要顾客来填订单的人怎么能够获取持续成功呢？谢利·布雷迪——一个自 17 岁就开始帮助波特的女孩——说："**他能够钻进别人的内心。**"

商业关系的 4 个层次

　　一旦明白关系影响商业的方式，你就会认识到所有的商业关系并不是站在同一起跑线上的。经过研究之后，我发现有 4 个不同层次的职场关系：

1. 人际知识——你对人的了解帮助你建立事业

　　在本书的序言里，我谈到商业关系中人际技能的重要性。它是成功必不可少的。在这个世界上，光有产品知识，没有人际能力是没有用的。光有技术也不行。光有建立高效组织的能力也不行。如果一个人不具备人际交往能力，他的能力很快就会走到尽头。

有意思的是，有些不擅长交往的人通过跟处世高手们在一起，可以弥补这方面的不足。譬如，史蒂夫·沃尼亚克和史蒂夫·乔布斯在一起，把技术能力和人际知识有机结合，让苹果公司（Apple）成为一个家喻户晓的名字。

我相信，千千万万的技术天才们，如果掌握了——或者跟掌握的人合作——人际知识，就会一夜之间扭转商业局面。

2. 服务技能——你对人的方式帮助你建立事业

《别再犹豫》一书作者巴里·J. 吉本斯说："**70% 至 90% 的不再购买决定不是因为产品或价格因素，而是跟服务有关。**"许多公司今天意识到这个问题，于是，他们更注重为顾客提供服务。你对待顾客的方式非常重要，尤其是在竞争激烈的商战中。行业竞争越激烈，服务就越重要。

3. 商誉——你对人的信誉帮助你建立事业

作家霍华德·霍奇森说过："不论你做什么生意，都是在经营人际关系。所以，你的声誉就是最大的资产。"比尔·波特的身体缺陷让许多人低估了他的人际能力——直到人们了解他之后。波特知道如何跟人建立联结，了解他们的需要。基于这个原因，他成了一个好的推销员。他还这样来做生意：只要对客户有承诺，就一定兑现。时间长了，他的声誉就起来了。于是，他能够向一家三代甚至是四代销售东西。

4. 私人友情——跟人的友情帮助你建立事业

> 即使形势对你不利，友情也会再次帮你争取到顾客。

当人们喜欢你的东西，更重要的是，他们喜欢你时，最高层次的商业关系就实现了。当人们之间有贴心的友谊时，这比任何形式的商业纽带都强韧。这就是我为什么说条件不变时，人们只喜欢跟自己喜欢的人在一起；条件发生变化时，他们还是喜欢跟自己喜欢的人在一起。友情带来这种差异。即使形势对你不利，友情也会再次帮你争取到顾客。为什么？因为人们喜欢跟他们的朋友在一起。

我读过一个故事，讲的是威廉·威斯特摩兰将军在越南时，有一次去检阅一排伞兵。他走过行列，挨个问每个人："你喜欢跳伞吗，孩子？"

"我非常热爱，长官！"第一个回答。

"这是我有生以来最棒的经历，长官！"下一个回答。

当他走到第十三位面前时，那士兵的回答让他大吃一惊。

"我痛恨跳伞，长官！"年轻人说。

"那你为什么要去跳呢？"威斯特摩兰问。

"因为我想跟热爱跳伞的人在一起。"

友情的价值

我只讲了"友情法则"在商业中的应用，其实它可以应用得更广。人们想跟自己喜欢的人在一起，这或许很明显，但我又提了一次，因为我想强调真正的友谊在每种领域和情形下的价值及力量。

对友情洞察入微的一个人是古代以色列的所罗门王。据说，他是有史以来最具有智慧的人。他一生中写下了许多关于友情的至理名言，让我们今天可以从中学习。以下是一些关于真正友谊的真理：

真正的朋友弥足珍贵

所罗门写道："朋友来来去去，但真正的朋友会像家人一样始终跟你站一起。"当你跟某人形成深层的友谊时，珍惜它，因为真正的朋友很少。真正的朋友是：

> 逆境时来看你，而且从来不忘记你的好处的人。
>
> 你在他眼中要比实际的你好一些的人。
>
> 你可以跟他聊天数小时，或者是一起享受沉默的人。
>
> 当你成功时跟你一样高兴的人。
>
> 信任你，能够坦言相告的人。
>
> 不想有意地知道得比你多，行动比你迅速，或处处当你老师的人。

一句话，真正的朋友是始终都是你朋友的人。珍惜你的真朋友，他们很可贵。更重要的是，还要尽力成为别人的真朋友。没有什么礼物比做一个真朋友更为可贵的了。

真正的朋友催人振奋

所罗门认为："乳液和香精愉悦心情，美好的友谊振奋心灵。"生命中的每个情境，有朋友在，就会美妙许多。当你想跟人分享有趣的经历时，没什么能比得上有位朋友在身边。当你遭遇危难时，朋友会帮你来承担。C. S. 刘易斯说过："当一个人跟另一个人说——'什么，你也是？我还以为只有我一个呢！'——朋友就产生了。"这种交往令人振奋，不管生活里发生了什么事。

别人对你的反应如何呢？当人们看到你来了，他们是否期望从你那里获得鼓舞，振奋精神？还是得耗费精力与你周旋？每个人都应该给生命中遇到的人注入兴奋剂。

真正的朋友提升我们

在最真正的友谊中，人们只要在一起，就能互相提高。所罗门说过："用钢磨钢，钢更锋利；朋友在一起，也是互相磨砺。"

> 当一个人跟另一个人说——"什么，你也是？我还以为只有我一个呢！"——朋友就产生了。
>
> ——C. S. 刘易斯

汽车大王亨利·福特曾跟一个犯人共进午餐，他问犯人："谁是你最好的朋友？"然后等待答案。犯人很犹豫，他不确定。

"我告诉你谁是你最好的朋友，"福特说，"**最好的朋友是能够激发出你最好一面的人**"。

这就是真朋友做的事，他们激发出彼此最好的东西。

真正的朋友始终忠诚

你听说过当你带着一条比特犬经过一条莱西狗时，会得到什么？你的狗会对你狂吠不止，然后跑去乞怜。真正的朋友绝不这样。这个世界充满了无情之人。所罗门说道："冷酷的野心家会背叛他们的朋友，把自己的老祖母也提来垫在脚下。"但是，真正的朋友无论何时都会保持忠诚。

作家兼牧师理查德·埃克斯利说："真正的朋友，是当你说知心话时，他会聆听并理解你。当你奋斗时，他会支持你；当你犯错时，他会纠正你，方式温和且充满爱意；当你失败时，他会原谅你。真正的朋友会促使你成长，挖掘出你的全部潜力。最令人吃惊的是，当你成功时，他还会像自己成功那般来祝贺你。"

你不可能跟每个人都保持深层的友谊，也不应该这样做。但是，你应该跟几个人培养起真正的、深层的友谊。你对每个遇到的人，可以做到友好、善良和支持鼓励。你可以把每个人当成一个人来对待，而不仅是商业上的"接触"。如果你把人放到第一位，然后才是生意，那你就是在执行"友情法则"了。

不管你是在哪个行业，做的是何种生意，友谊法则都可以帮助你。不管你是销售人员还是顾客，老板还是员工，经理还是主妇，这都有用。只要你把人当做朋友来对待，不管你干什么，别人都乐意同你一起去做。

讨论问题

1. 你如何看出别人是把生意放到第一位，友谊第二位？反之，你如何分辨？是什么让人们把生意放到第一位？又是什么让人们把友情放到第一位？你自身倾向于什么？

2. 你同不同意，如果你坚持"友情第一，生意第二"，往往更容易交到朋友，并获取商业成功？试解释。

3. 考虑商业关系的 4 个层次：
   * 人际知识
   * 服务技能
   * 商业信誉
   * 私人友情

   跟你有商业往来的人大多数处于哪个层次？这跟一个人是同事还是客户有利害关系吗？你想处于哪个层次？是什么阻碍你把商业关系推进到更高层次？

4. 你有没有在信誉不佳的公司或行业里干过？在这种环境下，有可能实施"友情法则"吗？你在这种环境里遇到哪些阻力？要想成功并执行"友情法则"，你必须怎么做？

5. 你是否同意真正的朋友是能激发出你最好一面的人？如果同意，描述一下这是如何做到的。激发出你最好一面的人有没有成为你的朋友？或者是因为他们是你的朋友，所以激发出你最好的一面？如何把朋友的鼓励和激发应用到工作环境中？

伙伴法则

一起努力增加了
一起成功的概率

你能做的我不能做，我能做的你不能做。我们一起，能做到很多。

——特蕾莎修女

扪心自问：有我相伴后，别人比以前好过些吗？

有些人本能地带着"结伴心态"走进生活。于是，他们收获非凡的成功。本杰明·富兰克林就是一个生动的例子。

在世人心里，富兰克林是一个印刷商、政治家、发明者、作家和美国"国父"。他出生在波士顿，是一个蜡烛制造商的儿子，在家中 17 个孩子中排名第十五。他所受的正规教育还不到两年。12 岁时，他给哥哥打下手，学习印刷行当。17 岁时，他来到费城碰运气——两手空空，只有一身才智和冲天干劲——起先身兼印刷员和记者二职。1730 年，富兰克林 24 岁了，他拥有了自己的事业。1748 年，他已经富得足可以退休了。

富兰克林想退休的原因是期望全身心地投入科学研究。他做的有关电的实验让其享誉世界。18 世纪 50 年代初，他开始大量地参与社团事务和政治。他的成就又一次让人刮目相看。他是引发美国独立运动和创建起美国的少数人之一，是《独立宣言》和《宪法》的起草人之一，是唯一一个在创建美国的 4 份文件——《独立宣言》（1776）、《美法友好与贸易同盟条约》（1778）、《英、法、美和平条约》（1782），以及《宪法》（1787）——上都签名的人。

伙伴结成者

简要回顾一下富兰克林的成就，可能让人觉得他是个喜欢孤军奋战的人。事实绝非如此。富兰克林从生涯早期就执行"伙伴法则"了。他是一个终生学习者，尽管没有受过多少正规教育。富兰克林知道，光凭一人的努力绝不会取得什么大进步。于是，1727 年，在 21 岁时，他成立了"死党"（Junto）组织。富兰克林这样描绘该组织——"一个互相提高的俱乐部"，大部分成员是"我认识的聪明人"。组织起先包括印刷工、检查员、手艺人、办事员和商贩。"我们每周五聚会。"富兰克林说："我制定的规则是要求每个人轮到他时，要对道德、政治或自然哲学的任何方面提出一点或几点质疑，大家在一起讨论；每位成员每 3 个月还得写一篇文章，题目自定，然后在大家面前诵读。"富兰克林的"死党"最终演变成美国哲学会（American Philosophical Society），今天依旧存在。

富兰克林的自我继续教育很大一部分来自阅读。年轻时，由于手头紧，富兰克林就采用"结伴手段"来获得图书。他说服一群人拿出钱来，买了一图书馆的书来跟人分享。到 1731 年，这个想法演变成全国第一个出借图书馆。

富兰克林一次次地采用类似的结伴手段。鉴于费城常发生火灾，1736 年，富兰克林说服一群殖民者组织起来，成立了该市第一个消防俱乐部。如果大火威胁到任何一位会员的财产，其他所有会员都会去帮助他。1751 年，他又帮助创立了全国第一家公立医院。1752 年，他又鼓励一群殖民者参与"费城贡献者"（Philadelphia Contributorship）——全美第一家火险公司——来分担财务风险。他要人们共同努力来雇佣清道夫和地方警察。富兰克林一次次同别人结成统一阵线，最终让大家都受益。

不管富兰克林有多成功，他从来没抛弃过带来成就的结伴手段。他不仅在国内应用，还把它扩大到国际舞台上。当美国寻求独立时，开创者知道，若没有其他国家的帮助和合作，美国就没有生存空间。于是，富兰克林被派往欧洲，作为美国第一位访法大使。他成功地说服法国跟美国联合起来反对英国。学者利奥·勒梅称富兰克林是"有史以来最完美、最成功的美国外交家"。

1787 年，当年轻的美国获得了独立，试图制定《宪法》时，代表们在立法结构上无法达成一致；富兰克林提出"大妥协"，产生了今天的两院国会制。没有几个人比富兰克林对美国产生过更大的影响，也没有几个人像富兰克林那样明白结伴的力量。

学会关注别人

从年轻时起，本杰明·富兰克林就明白：一起努力会增加一起成功的概率。我希望自己以前也能如此睿智。我花了很长时间才学会伙伴法则。在这过程中，我经历了 4 个阶段：

1. 我想做出有意义的事情

跟许多人一样，我是从"自我阶段"（我这样称之）出发。我着眼的是我自己和我能干什么，这并不是说我在做错事。我的动机是积极的，只是我的视野——以及努力——太局限了。我很卖力，完成了许多事。但是，我无法自己完成任何有真正意义的事。这一点我后来发现了，并写进《打造卓越团队的 17 条法则》一书中：一个人不足以成就大事。

一个人不足以成就大事。

如果你觉得单凭自己就能做出有意义的事，那就需要读读一个诗人写的诗——《少不了的人》：

> 当你觉得自己很重要
> 当你的自我在膨胀
> 当你自认为在全屋子人中最最棒
> 当你觉得一旦离开将无人可替代
> 请遵照下面的指示
> 看看骄傲如何被贬抑
> 取一只桶，装满水，把拳头伸进去
> 拿出来，看水面留下多大的窟窿
> 那就是你曾经占据的明证
> 你可以溅起大水花，激起大波浪
> 可一旦停止
> 水面瞬间平如镜
> 这个例子想告诉你
> 做到最好，为自己骄傲
> 可是别忘了：这世上没有谁少不了

我个人对士气高涨的定义是"我做有意义的事"；反之，我对缺乏激情的定义是"我没做什么有意义的事"。如果你个人对美好的追求由于受到能力的限制，对别人没有产生什么积极的影响，那你就不能光把目光盯在自己能干什么上了。

2. 我想同人一起做有意义的事

当开始不再只看到自己时，我发现，如果别人加入我的旅程，就会走得更远，取得更大的成就。于是，我想跟每个人合作。可是，没多久，我就意识到自己错了。原因如下：

- 不是人人都应开始这段旅程——激情不足。你有没有跟这样的人一起工作过：他们说是跟你站在一起，认可你的目标，可是你总得说服他们去执行好任务？这些人缺乏对工作的激情。他们想骑车飞驰，可是他们懒得踩踏板。带上这样的人，你的精力会被消磨掉。

- 不是人人都想开始这段旅程——态度不正。一些人只是不信任你，对你做的事不抱期望。这并不意味着你错了或是他们错了，而是你不应该把他们带上。

- 不是人人都能开始这段旅程——能力不够。伙伴关系和援助行动的差异在于双方是否旗鼓相当。一些人也想做有意义的事，可是能力不足，对你没有帮助。你绝对付不起跟于事无补的人结伴的代价。

在本阶段，我学到的最重要一课是：可以跟每个人建立关系，但只应该跟少数人结伴。

3. 我想和愿意做有意义的事情的人，一起给人们带来意义

英国政治家亨利·范·戴克说："人的成熟，首先是能够独立，其次是认识到需要相互依赖。"当我年届不惑时，终于明白了这个事实：跟你来往最密的人，决定了你成功的大小。就在那时，我不再只跟善良、有能力的人一起工作，而是与有野心、想取得成就的人结伴。让我告诉你提升到这一层次有何秘诀：**找到有能力、跟你有同等激情和使命，且需要别人帮助来取得成就的人。**当你跟这样的人结伴后，你们的前途就无可限量。

4. 我想和愿意做有意义的事情的人，一起做有意义的事情，给人们带来意义

在人生的这个阶段，我才到达我所谓的"意义阶段"。我有许多有

益的伙伴，我们在一起做了许多事情，帮助了人，产生了积极的影响。我想象不出还有什么比这更有价值。

拉比·哈罗德·库什纳说："生活的目标不在于赢，而在于成长和分享。当你回顾一生所为时，你会从带给别人的快乐中获得更大的满足，而不是沾沾自喜于胜过和击败别人的次数。"

结伴的力量

读前面几页时，你可能注意到我经历的几次提升：

> 我想做出有意义的事情（自我阶段）……
>
> 我想和愿意做有意义的事情的人，一起给人们带来意义（分享阶段）……
>
> 我想和愿意做有意义的事情的人，一起做有意义的事情，给人们带来意义（意义阶段）……

在自我阶段和意义阶段之间，还有一个同别人的分享阶段。同别人结伴，会爆发出无限的力量。这是生命中最有价值的事，带来诸多好处：

同别人结伴，你并没有损失什么

托马斯·杰斐逊说过："一支蜡烛点燃另一支，自身并无损失。"这也是结伴关系的真正本质。我发现有许多人不这么想，他们认为跟别人分享就会失去。我觉得这不对。

> 一支蜡烛点燃另一支，自身并无损失。
> ——托马斯·杰斐逊

贫乏或充裕，每个人都会有其中一种心态。持贫乏心态者认为：东西就这么多，你必须为自己争取，并尽己所能来保有。持充裕心态的人认为：东西很多，足够每个人索取。如果你有一个想法，就跟人分享；你还可以再想出新的来。如果你有钱，捐出一部分，你还可以赚更多。如果你只有一个饼，给别人吃，你还可以再烤出一个。

在这方面，我认为你可以从生活中得到所期望的；也可以私藏自己所有的那一点点，此后再无来源。或者，倾你所有，然后获得丰厚的回报。你的态度决定一切。所以，如果你同别人结伴，大度地给予，你总会通过这样或那样的方式获取更多。

同别人结伴，可以帮助自己

作家马克·吐温说过："让自己开心，最好的办法是让大家都开心。"他本能地知道，当你在帮助人时，其实就是在帮助自己。至少，你还享受到帮助人的满足感。更常见的是，当你帮助了别人，他们更愿意回过头来帮助你。

希普利机构（Shipley Associates）的董事会主席兼首席执行官理查德·希普利给出这条建议："跟他人一起，帮他们取得胜利，你的胜利就会随之而来。跟正确的人分享权益。你会成天跟同事们待在一起，所以，要选择那些一起工作愉快的人。跟成功的同事，要做到'既能共苦，也能同甘'。"

同别人结伴，产生更多希望

2003 年，我创办的 INJOY 教友服务机构（INJOY Stewardship Services，简写为 ISS）的总裁戴夫·萨瑟兰准备退休，搬到西海岸去跟儿女及孙子们共享天伦。过去近 10 年里，戴夫干得很好，我想：该去找谁来接替他呢？不久，我想到一个人——柯克·诺埃瑞——可以继续领导这家公司。

柯克以前是牧师，在到 ISS 之前的几年曾出过国，跟数百家教会的牧师们共过事。他对培训牧师很有激情，能力也令人赞叹，努力程度更是无人出其右。他还是一个卓越的领导者。我找不出第二个能够在一起帮教会实现使命的人了。于是，我和玛格丽特就跟柯克去谈，几次长聊后，我表达了期望他继任的意愿。

几天后，我跟玛格丽特收到一张卡，上面印着一句话："对过去感恩，对未来乐观。——达格·哈马舍尔德。"下面是柯克的手写体：

> 亲爱的约翰和玛格丽特，我抱着最深切的敬仰和荣幸，接受这份工作。

　　那一刻我很高兴，也很感激。为什么？因为我知道 ISS 的前景会很光明。

　　如果你也想培养起双赢关系，拥抱"伙伴法则"吧！你心里可能也清楚，一个人能干的事，拿到同别人一起做出的事前会相形失色。最有价值的关系永远是伙伴关系。我发现这在商业领域、婚姻生活中都奏效，我相信对你也有效。

讨论问题

1. "做有意义的事"在你眼里意味着什么？你是否考虑过或期望在人生中做有意义的事？你的梦想是什么？你如何实现梦想？

2. 你认识的人大多数处于哪个阶段：自我阶段、分享阶段，还是意义阶段？你如何判断呢？每个人都必须经历前两个阶段才能进入第三阶段吗？你目前处在哪个阶段？请解释。

3. 你对紧密工作在一起的人有多大控制力？这对你达到目标、实现梦想的能力有影响吗？如果你控制力很低，怎么做才能扭转这种局面？目前，在哪些领域，你可以选择和"有所影响"的人共事？你如何才能找到那些激情相当、使命相似、才华相配，而且也需要伙伴的人？

4. 描述一段夫妻真正相伴的婚姻关系。这种关系的好处是什么？如果夫妻不是一条心，会出现什么局面？如果你已婚，请描述你对婚内相伴的态度。描述一下你配偶的态度。你俩如何做，才能提升相处的能力？

5. 领导者应该跟一同工作的人培养起伙伴关系吗？请解释。如果是，什么时候最恰当？如果你是一名领导者，在你身边的都是什么人？你认为那些跟你最近的人是同你一起工作还是为你工作？如果你想有所改变，你将如何同他们互动？

满意法则

在美妙的关系中，
只要相伴就足以令人快乐

快乐与人分享，就会加倍。

——约翰·沃尔夫冈·冯·歌德

扪心自问：我最好的朋友光跟我在一起就会很开心吗？

我在圣地亚哥主持教会工作的 14 年里，每年 12 月会举行一次大型慈善义演，一来接近教区民众，二来为当地的儿童基金会募集资金。我总是参与，当主持人，有时候也充当某一幕的滑稽陪衬角色。大多数年头里，我们至少要举办 24 场表演。这真是一种令人欢欣不已——同时也筋疲力尽——的经历。

在每场表演前，我会走出来跟每个人谈话，跟观众们互动，以活跃气氛。我喜欢做的一件事是在观众里找出一对结婚最久的夫妇。我还记得有一对夫妇，多年来一直保持着纪录——他们的婚史长达 77 年！

当这对夫妇站起来，观众们掌声雷动时，他们的眼睛湿润了，闪烁着泪光。

"需要我给你们俩婚姻建议吗？"我问，人群里响起一阵轻快的笑声。

那位老先生看着我，笑了，轻轻道出秘密般："我们的婚姻现在越来越好了。"

最大的满足

多数人都羡慕和尊敬那些能够保持稳固长期关系的人。75 年以上的婚姻是很出奇的。能够维持数十年的友谊也足以让许多人妒忌。

乔治·彭斯和杰克·本尼的友谊是好莱坞——一个常被批评为虚荣肤浅的城市——最伟大的友谊之一。彭斯跟艾伦·格雷西 38 年的婚姻（直至格雷西 1964 年去世）很令人羡慕。但他跟杰克·本尼的友谊持续时间更长。1976 年，本尼去世后，彭斯这样描述他们的友谊：

> 杰克和我有着近 55 年的美好友谊。我唱歌时，他从来不走开；他拉小提琴时，我也不会走开。我们一起欢笑，一起表演，一起玩乐，一起进餐。我觉得，在过去那么多年里，我们每天都会交谈。

我想，我们都期望拥有本尼和彭斯那样的友谊，或者遇到那对老夫妇那样的婚姻。但是，我们如何才能得到呢？基础要建立在本书前面讲过的所有人际法则上。一段长久的关系首先得是一段健康的关系。除此之外，我相信还有 4 个因素有助于创造出这种"人在一起就很满足"的关系氛围：

1. 共同的回忆营造出紧密联系在一起的氛围

2004 年 3 月，玛格丽特和我跟 EQUIP 去了非洲 17 天，EQUIP 是我创建的非营利组织，目的是帮海外人士提升领导力。这是一次劳顿困乏的旅程。我们走了很长的路，到了 4 个国家。清晨我们 7 点钟就得起来讲课，中间不停歇，直到午夜甚至凌晨 1 点才结束。在这两周半的讲课中，我们只休息过 1 次。我们花了两天去远征，欣赏这丛林国度的壮丽自然景观。

跟我们一起旅行的是汤姆·马林斯。汤姆是佛罗里达一家大教堂的成功牧师，一位很好的领导者，他正帮助我们的团队完成一些教学任务。汤姆和我已有 8 年的友谊，我认识他越久，就对他越尊敬，越欣赏。

那天下午，我们从非洲回到亚特兰大，玛格丽特和我拖着疲倦的身躯从机场回到了家，很快就上床了，我们只想睡觉。次日，我仍旧没倒过时差来，人还疲倦得要命。当我坐在桌前整理信件，补上落下的工作时，电话铃响了，是汤姆。我们才一天没见面，但他就想跟我一起回忆回忆了。谈起那次远征，我们开怀畅笑。（其他旅客背着昂贵的相机和变焦镜头，我跟汤姆轻装上阵，只带了一次性照相机。）我们回忆了那次艰苦的旅行。我们对自己教授的那数千名听众的热烈反应觉得很惊奇。

汤姆最后说："约翰，我们再做一次吧！"他和我永远不会忘记那次结伴旅行。我们共同的回忆永远都会成为两人之间的纽带。

这种经历在最深层的关系中是无价的。在孩子们的成长过程中，我跟玛格丽特总是尽力创造出一些共同的回忆。从结婚那天起，我们就发誓共同面对一切，所以，我们创造出了最美好的回忆。

2. 共同成长营造出共同努力投入的氛围

回到 20 世纪 70 年代，我们还住在俄亥俄州的兰开斯特，玛格丽特和我开始经营我们的第一份生意。她跟两个朋友决定合伙开一家鲜花店。那时候，我们还一无所有，于是写了一份商业计划书，跟当地的一位银行家贷款。我还可以清晰地回忆起坐在银行家办公室里，跟他面对面谈话的情形。

"既有好消息也有坏消息。"他说，"好消息就是，我会借给你们钱。"我跟玛格丽特都松了一口气。"坏消息是，如果你们跟大多数新做生意的人一样，几年内就会散伙。很多人都一起干，但没几个能干到底。"

这适用于所有类型的关系。与费力的维护相比，关系的开始和结束都很容易。为什么呢？

> 关系开始时，有初交的激动。
> 关系进展时，有团结一致的承诺。
> 关系持久时，有一起相伴的快乐。

什么是跨越"一起开始"和"一起保持"的关系的桥梁呢？答案就是成长。一起成长的人彼此会更忠诚，他们通常也会更快乐。

事实上，所有的关系都是成长的——成长的结果有"分崩离析"和"紧密团结"两种。如果有意地把关系引向共同成长，我们就更愿意待在一起。遗憾的是，那位兰开斯特银行家的话不幸言中了。到第二年年底，一个合伙人不想再干，就退出了。

3. 互相尊重营造出健康的氛围

关系内的尊重可以营造健康的氛围，因为它可以带来两点。首先，培养起信任。你知道，信任是所有关系的基础。其次，激发出服务精神。人们总是喜欢帮助和服务于自己深深尊敬的人。正如阿尔伯特·爱因斯坦所说："为别人而活，生命才有价值。"

4. 无条件的爱营造出安全放松的氛围

儿童作家黛娜·玛利亚·马洛克·克雷克写道："噢！跟一个人在一起感觉安全放松有多好；不用斟词，也无须酌句，只要一股脑地说出来，正像谷粒里夹杂着糠屑；因为我们知道，有一个人会用忠诚的手过滤、拣选，留住有价值的，然后善意地吹一口气把剩下的吹走。"当某个人爱你，没有什么条件，也没有私心，这是世界上最自在的感觉。不论你走到哪里，都会觉得安全。

近来，我跟玛格丽特一起乘飞机旅行，我们跟走廊对过的一对夫妻攀谈起来。对面的女士问："你家在哪里？"我想都没想，指着妻子，说："有她在的地方。"这是真的。玛格丽特无条件地爱我。我跟她在一起，能够做真实的自己，就像进入无人之地。她是我的安全港湾。在这个世界上，没有比你最亲密朋友无条件的爱更甜美的了。

能够和玛格丽特相伴是我的幸运。我总是告诉人家，我今生所做的最好的决定就是向玛格丽特求婚。我天天如此感慨。我也想尽可能多地向她表达。2004 年情人节，我给她写了一封信，回顾我们的关系。她允许我拿出来同大家分享：

> 玛格丽特：
>
> 　　40 年前的大约这个时间，我们开始约会。虽然一年年好似过得愈来愈快，我们生活里还是充满了回忆。56 岁了，我忘记了许多东西，可是，许多特殊的情境还在脑海中栩栩如生。我问自己："它们为什么特殊？是因为我们一起做的还是因为我们一起去经历的？"答案是……两者都有。因为我们俩在一起，这种特殊意义就更大了。
>
> 　　当我们分离时，每晚，我都在盼着电话铃响起。这是一天中最欢悦的时刻。为何？因为我们都在分享当天发生的事情？不，是因为我们又待在了一起。
>
> 　　我可以清清楚楚地记得恋爱那会儿，我驱车从塞克维亚奔赴契利科提同你度过约会夜晚时胸中充腾的热望。我简直一刻也等不得！时光并没有冲淡我离开后希望再见到你的急迫心情。这就是我为什么要在从机场往家赶的路上给你打电话。玛格丽特，你见到我时的那种欣喜这些年来一直印在我的脑海里。每次我打电话，你接听时的激动声音总让我觉得很受宠爱。
>
> 　　我永远不会忘记，那次你卖掉用过的俄亥俄州立大学课本买了一张汽车票，为的是能给我一个惊喜并一起度过一个夜

晚。我也不会忘记那次你从尼泊尔赶到德里，只为跟我多待一个晚上。这些为在一起而做的额外努力，让我们的婚姻如此幸福美满。

关系永远不会保持在一个水平线，要么走得更近，要么离得更远。40 年过去了，我们还喜欢待在一起。让我们一起去看看邮筒里有什么吧。

爱你的约翰

对我们来说，去看看邮筒里有什么意味着单纯地享受在一起的愉悦。这是所有美妙关系的共同点：带来快乐。

我希望你的生命中也有某个人，可以跟他一起分享"满意法则"。如果你做到了，要保持感恩的心；如果没做到，那就开始实践本书的社交法则，然后创造出有价值的关系：有共同的回忆，共同成长，互相尊重并给予无条件的爱。做到这些，享受来自深层长久关系带来的愉悦只是时间问题。

> 当某个人爱你，没有什么条件，也没有私心，这是世界上最自在的感觉。

讨论问题

1. 一个冷漠的人可不可以培养出双赢关系？请解释你的答案。一个人怎么做才能培养起深层的关系？对你来说，何种情况值得你心甘情愿地付出代价？

2. 想想你认识的某个人，他与人有着20多年的良好关系。（可以是任何类型的关系，譬如婚姻关系、商业伙伴关系，以及朋友关系。）描述一下他们之间的关系。他们是如何维持关系的？你能从他们身上学到什么？

3. 在有高度安全感的关系中，互相尊重和无条件的爱是如何发挥作用的？想想你生命中最紧密的关系。你跟这个人在一起有安全感吗？你可以畅所欲言吗？你可以表达自己的情感吗？你对长久的沉默感觉舒服吗？如果不，你如何改变这种氛围，让其向更积极的方面发展？

4. 描述一些已婚夫妇可以共同成长，以使婚姻更稳固的方式。把成长纳入婚姻有多难？大多数夫妇会面临何种挑战和障碍？他们如何克服？坚守的报偿是什么？你的婚姻在这方面是成功的吗？

5. 共同的经历和回忆如何影响你最紧密的关系？描述一下你珍视的一段回忆。你的朋友或家人也珍视这段回忆吗？你多长时间谈论并重温它们一次？你觉得这样做有好处吗？你会用心创造共同的新回忆吗？你在这方面要如何改进？